ratio

Band 17

CICERO
ERSTE REDE
GEGEN CATILINA

mit Begleittexten

Kommentar von
Gerhard Jäger

überarbeitet von
Wolfgang Flurl

C. C. BUCHNER

ratio

Lernzielbezogene lateinische Texte
Begründet von Erich Happ und Klaus Westphalen
Herausgegeben von Wolfgang Flurl und Wilfried Olbrich

Die 3. Auflage (1997) beschränkt sich - abgesehen von der Rechtschreibreform - auf die Beseitigung von Versehen, auf kleine Präzisierungen und Glättungen im Ausdruck sowie auf eine genauere Abstimmung mit dem Textband und einige kleinere Zusätze. Verändert wurden vor allem Einzelabschnitte der §§ 8 (Negationen), 11 (*in uno homine*), 12 (Satzanalyse), 18 Anfang (Anspielungen), 22 ista tua calamitas und 31 (Satzanalyse). Das Grundanliegen des verdienstvollen Kommentars, Ciceros Rede inhaltlich und stilistisch zu erklären, bleibt gewahrt.

3. Auflage 3 7 6 5 2012 10 08
Die letzte Zahl bedeutet das Jahr dieses Druckes. Alle Drucke dieser Auflage sind, weil untereinander unverändert, nebeneinander benutzbar.

Dieses Werk folgt der reformierten Rechtschreibung und Zeichensetzung. Ausnahmen bilden Texte, bei denen künstlerische, philologische oder lizenzrechtliche Gründe einer Änderung entgegenstehen.

www.ccbuchner.de

Gesamtherstellung: Druckerei Bussard, Gundelsheim www.bussard.de

ISBN 978-3-7661-**5787**-4

INHALTSVERZEICHNIS

1. **Einleitung**
1.1. Die politischen und sozialen Voraussetzungen 4
1.2. Catilina und die Catilinarische Verschwörung 6
1.3. Cicero als Redner und Politiker 9
1.4. Ciceros Catilinarische Reden 11
1.5. Cicero und die antike Rhetorik 13
1.6. Rhetorisch-stilistische Gestaltungsmittel 17

2. **Kommentar** 21

3. **Literaturhinweise** 55

Abkürzungen:

Anr.	Anregung (München)
AU	Der Altsprachliche Unterricht
DASIU	Die Alten Sprachen im Unterricht (Bamberg)
Gym.	Gymnasium (Heidelberg)
IAU	(ab 1987 IANUS) Information zum Altsprachlichen Unterricht (Graz)
MDAV	Mitteilungen des Deutschen Altphilologenverbandes (Bamberg) (ab 1997 Forum Classicum)

1. EINLEITUNG

1.1. **Die politischen und sozialen Voraussetzungen**

Seit Mitte des zweiten Jahrhunderts v. Chr. wird deutlich, dass Roms imponierender militärischer Siegeszug im Mittelmeerraum eine tiefe Krise seiner inneren politischen Ordnung zur Folge hat. Sie zeigt sich in politischen und sozialen Problemen: Wem soll das Bürgerrecht verliehen werden? Wie ist das Ackerland gerecht zu verteilen? Wie können die Veteranen angemessen versorgt werden? Über solchen Fragen sollte schließlich die römische Republik *(res publica)* zerbrechen.
Getragen war die Republik um diese Zeit von drei gesellschaftlichen Gruppen: 1. dem Amtsadel *(nobiles),* dem die Nachfahren früherer Konsuln angehörten; 2. den Rittern *(equites),* vermögenden Bürgern, die umfangreiche Geldgeschäfte betrieben; 3. den übrigen freien Bürgern *(ingenui).* Von den weiteren Gruppen waren die Freigelassenen *(liberti)* ohne politische, die Sklaven *(servi)* gar ohne persönliche Rechte. Die Angehörigen der beiden oberen Stände waren als Patrone in einem Verhältnis gegenseitiger *fides* mit ihren Klienten aus den unteren Ständen verbunden.
Die römische Verfassung - sie beruhte auf Tradition, ohne schriftlich fixiert zu sein - war bestimmt durch drei Institutionen: 1. Die Volksversammlung *(comitia)* entschied über Krieg und Frieden, beschloss Gesetze und Verträge, wählte die Beamten und urteilte Staatsverbrecher ab. (In einer *contio* dagegen teilte der einladende Beamte den Versammelten nur etwas mit.)
2. Die Beamten *(magistratus)* führten die Regierungsgeschäfte. Die höchste Amtsgewalt *(imperium)* hatten die zwei Konsuln, die die Innen- und Außenpolitik, und die acht Prätoren, die das Rechtswesen leiteten. Vier Ädilen sorgten für Spiele und öffentliche Ordnung, 20 Quästoren für die Finanzen. 10 Volkstribunen sollten das Volk gegen Willkürakte schützen; sie konnten unerwünschte Maßnahmen durch ihr Veto verhindern. Da die Ämter Ehrenämter *(honores)* waren, blieben sie wirtschaftlich Unabhängigen vorbehalten, faktisch den *nobiles* und den *equites,* die zudem durch ihre Klienten die Wahlen entscheidend beeinflussen konnten. Für einen Neuling *(homo novus)* war der Zugang zu den Ämtern schwer. 3. Der Senat *(senatus),* mit seinen 600 ehemaligen Amtsinhabern beriet die Magistrate in wichtigen Fragen. Einberufen und geleitet wurde er durch einen Konsul

oder Prätor, der nach Vortrag des Problems die Senatoren nach *Rang (dignitas)* um ihre Meinung *(sententia)* befragte. Er begann bei den *principes civitatis,* den (designierten und) ehemaligen Konsuln und Prätoren, und entschied selbst, wie weit er die Befragung fortsetzen wollte bis zur Abstimmung. Ein Senatsbeschluss *(senatus consultum)* bedeutete die Empfehlung einer politischen oder administrativen Maßnahme. In der Blütezeit der Republik wurden diese Empfehlungen meist auch realisiert. So spielte der Senat damals eine entscheidende Rolle in Roms Politik.
Später jedoch wurden die Senatsbeschlüsse nicht mehr ohne weiteres befolgt. Es mehrten sich die Versuche, politische und soziale Reformen mit Hilfe des Volks gegen den Senat durchzusetzen. Auf diese Weise ließ z.B. Ti. Gracchus 133 ein Ackergesetz beschließen. Die Art seines Agierens - er setzte als Volkstribun einen Amtskollegen ab und versuchte, sein eigenes Amt illegal zu verlängern - wurde vom Senat als Aufruhr *(seditio)* verurteilt. Gegen C. Gracchus, der bei seinen reformerischen Aktivitäten ebenfalls z.T. illegal vorging, praktizierte der Senat 121 erstmals die Notstandsverordnung in Form des *senatus consultum ultimum,* das den Konsuln unbeschränkte Vollmachten erteilte, um Schaden vom Staat abzuwenden.
Der bei dem Reformversuch der Gracchen hervorgetretene Gegensatz zwischen den Führern der Aristokratie, die die Senatsherrschaft zu stützen versuchten (den Optimaten), und Einzelgängern, die ihre Ziele mit Hilfe des Volks erreichen wollten (den Popularen), blieb das beherrschende Element der weiteren Entwicklung. Die Popularen verwendeten das anerkannte Recht der Volksversammlung zur Gesetzgebung für ihre Zwecke.
Gegenüber den Reformversuchen mit popularer Tendenz setzte Sulla als Diktator nach 82 restaurativ eine Stärkung der Senatsherrschaft durch, die jedoch zu einem Willkürregiment einiger weniger Nutznießer Sullas *(factio paucorum)* ausartete: Machttrieb, Geldgier, Intrige und Korruption herrschten in der Folgezeit. Von der Unzufriedenheit, die dieser Zustand mit sich brachte, profitierten einerseits einzelne Persönlichkeiten beim Aufbau einer persönlichen Machtstellung (etwa Pompeius und Crassus). Andererseits gab es in dieser Situation nun auch Versuche, die politischen Verhältnisse als solche zu ändern und so die Lage der sozial Benachteiligten zu verbessern. Sie waren teils legaler Art, wie z.B. die tribunizischen Interzessionen, z.T. revolutionärer Art, wie der Umsturzversuch, den Catilina im Jahr 63 unternahm, die sog. Catilinarische Verschwörung.

1.2. Catilina und die Catilinarische Verschwörung

L. Sergius Catilina, geb. 108 (?) v. Chr., entstammte einem alten Adelsgeschlecht, das mittlerweile verarmt und bedeutungslos geworden war. Er wuchs in der spannungsreichen Atmosphäre der Jahrhundertwende auf und erlebte in jungen Jahren den Bundesgenossenkrieg (91 - 88) und den Bürgerkrieg zwischen Marius und Sulla (88 - 82). Catilina war sehr begabt, ehrgeizig und schon in jungen Jahren Mittelpunkt eines Kreises junger Leute, deren Gedanken sich angesichts der politischen und sozialen Probleme auf mögliche Veränderungen der Gesellschaft, zugleich aber auch auf die Sanierung ihrer persönlichen wirtschaftlichen Verhältnisse richteten.
Wie bedenkenlos dabei Catilina in der Wahl seiner Mittel war, zeigte sich nach dem Bürgerkrieg zwischen Marius und Sulla: Als Soldat und Anhänger des siegreichen Sulla sorgte Catilina 82/81 bei dessen Proskriptionen für die Aufbesserung seiner Mittel und die Ermordung missliebiger Personen, vermutlich sogar seines Bruders und seines Schwagers. Marius Gratidianus, den Neffen des Marius und Vetter von Ciceros Vater, brachte er im Auftrag Sullas eigenhändig um. Das Geld war bei Catilinas großzügigem Lebensstil schnell verbraucht. Man sagte ihm mehrere Liebschaften nach und 73 hatte er sich wegen der Verführung einer Vestapriesterin vor Gericht zu verantworten. Er wurde aber erfolgreich verteidigt und freigesprochen.
Nach dem Tod seiner ersten Frau wollte Catilina Aurelia Orestilla heiraten. Diese lehnte zunächst die Verbindung wegen Catilinas Sohn aus erster Ehe ab. Als dieser Sohn dann recht plötzlich starb, entstand der Verdacht, Catilina habe ihn umbringen lassen. Doch wusste man nichts Sicheres. Jedenfalls gelang es Catilina, die römische Ämterlaufbahn einzuschlagen. Schließlich wurde er 69 Prätor. Als Proprätor beutete er 67 die Provinz Africa rücksichtslos aus. 66 wurde er deshalb von Gesandten der Provinz der Erpressung *(de repetundis)* beschuldigt, schießlich offiziell angeklagt und deshalb von der geplanten Bewerbung um das Konsulat für 65 ausgeschlossen. Catilina sah sich nun von der Senatsaristokratie im Stich gelassen, wandte sich von ihr ab und schloss sich Crassus an, der eben dabei war, in Opposition zu den Optimaten eine eigene Machtstellung - nicht zuletzt aufgrund seiner reichen finanziellen Mittel - zu begründen.
Nach Ciceros und Sallusts Darstellung sollten zum Jahreswechsel 66/65 die neuen Konsuln beim Amtsantritt ermordet werden. Catilina soll zusammen mit Autronius, dem einen der zunächst für 65 gewählten, dann aber wegen

Wahlbestechung *(ambitus)* verurteilten Konsuln, an dem Vorhaben beteiligt gewesen sein. Der Anschlag unterblieb jedoch. Die genauen Ereignisse, Zusammenhänge und Ziele dieses Vorhabens wurden nie ganz geklärt. Catilina hatte jedenfalls keine führende Rolle; schon deshalb ist die Bezeichnung „Erste Catilinarische Verschwörung“ nicht angemessen. Auch ist nicht sicher, ob Crassus hinter dem geplanten Unternehmen stand.

An der Bewerbung zur Konsulwahl für 64 sah sich Catilina durch das gegen ihn laufende Gerichtsverfahren wegen Erpressung gehindert. Schließlich gelang ihm aber in diesem Prozess - wahrscheinlich durch Bestechung - ein Freispruch. So konnte er sich im Sommer 64 endlich um das Konsulat für 63 bewerben. Dabei verband er sich im Wahlkampf mit C. Antonius Hýbrida, der ebenfalls in finanziellen Nöten steckte und ähnliche politische Ziele verfolgte wie Catilina. Catilina versprach Schuldentilgung und die Neuverteilung des Landbesitzes. Er fand Anklang bei verarmten Standesgenossen und Veteranen. Doch war er kein entschiedener Sozialrevolutionär wie etwa die Gracchen. Vom Konsulat, das er zäh verfolgte, und einer Schuldentilgung versprach er sich vor allem auch persönliche finanzielle Konsolidierung. Unter den vier weiteren Mitbewerbern war auch Cicero. Beim Versuch, Stimmen zu gewinnen, wurde Catilina von Crassus - und wohl auch von Cäsar - nachdrücklich unterstützt.

Der Senat sah sich nach anfänglichem Zögern schließlich veranlasst, Cicero, den Hauptgegner Catilinas, zu unterstützen, der sich mit hoher Intelligenz und brillanter Redekunst um das Konsulat bewarb. In seiner Bewerbungsrede vor dem Senat *(in toga candida)* hob er besonders Catilinas fragwürdiges Verhalten unter Sulla und die Ermordung des Marius Gratidianus hervor, um das Misstrauen des Senats gegen Catilina zu schüren. Gewählt wurden Cicero, von dem man ein Eintreten für die bestehende Gesellschaftsordnung erwarten durfte, und C. Antonius, den Cicero bald auf seine Seite zog. (Er war der Onkel des M. Antonius, des späteren Triumvirn und schließlichen Gegners von Octavianus-Augustus.) Der durchgefallene Catilina verfolgte seine Politik weiter und bewarb sich schließlich auch noch im Sommer 63 um das Konsulat für das Jahr 62. Auf einer Versammlung in seinem Haus soll er seine Pläne zur Schuldentilgung vorgelegt haben. Cicero erreichte eine Verschiebung des Wahltermins wegen Bestechung. Bei der Wahl scheiterte Catilina erneut.

Für diesen Fall hatte Catilina bereits revolutionäre Pläne entwickelt. Ohne noch Rücksicht auf bestehende Zustände zu nehmen, wählte er nun, zusammen mit einigen Mitverschworenen (u.a. P. Cornelius Lentulus und C. Cornelius Cethegus), den Weg von Gewalt und Terror. Der Konsul konnte frühzeitig Maßnahmen der Überwachung einleiten. Ende Oktober traten die Ereignisse in ihr entscheidendes Stadium: Ein Revolutionsheer aus Veteranen, Verarmten und Unzufriedenen, das sich in Etrurien unter dem einstigen Sulla-Anhänger Manlius gesammelt hatte, sollte am 27. Oktober zu den Waffen greifen und gegen Rom ziehen. Am 28. Oktober sollte Rom an verschiedenen Stellen in Brand gesteckt, die Optimaten sollten ermordet werden. Cicero, der durch Spitzel und Verräter informiert war, erreichte, dass der Senat am 21./22. Okt. Gegenmaßnahmen beschloss und den Konsuln in einem Notstandsbeschluss *(senatus consultum ultimum)* unbeschränkte Vollmacht erteilte, mit allen Mitteln Schaden vom Staat abzuwenden. Die Mobilmachung des Manlius fand statt. Catilina tat so, als habe er damit nichts zu tun. Ja - als er wegen Gewaltanwendung angeklagt wurde, bot er sich zu freiwilliger Haft *(libera custodia)* an, um seine Unschuld zu erweisen. Aber nur ein Gesinnungsgenosse, M. Metellus, war bereit, ihn aufzunehmen. Cicero behauptet, Catilina habe am 1. November Praeneste einnehmen wollen, sei aber an einer starken Besatzung gescheitert. In der Nacht vom 6. auf 7. November habe Catilina im Haus des M. Porcius Laeca eine Versammlung abgehalten, bei der er seine neuen Pläne erläutert, die Aufgaben verteilt und die Ermordung Ciceros durch zwei *equites,* den Senator L. Vargunteius und den Ritter C. Cornelius, vorbereitet habe. Nach dem Mord an Cicero habe Catilina Rom verlassen und die Führung des Manlius-Heeres übernehmen wollen. Cicero war wiederum gewarnt: Die beiden Ritter kehrten um, als sie das Haus bewacht fanden; so konnten sie nicht verhaftet werden. Cicero berief für den Vormittag des 8. (7.?) November eine Senatssitzung in den stark bewachten Tempel des Iuppiter Stator an der Via Nova am Palatin ein. Als dort unerwartet Catilina erschien, hielt Cicero seine erste Rede gegen Catilina. Catilina sah sich aufgrund dieser Rede gezwungen, Farbe zu bekennen: Er verließ Rom und ging zu Manlius. Nach tapferem Kampf fiel er schließlich Anfang 62 in der Schlacht von Pistoria. Dass er selber mit seinem Heer, seine Anhänger in Rom und schließlich seine ganze Revolution scheiterte, dies ist nicht zuletzt dem Konsul Cicero zu verdanken.

Cicero hat das Umstürzlerische an Catilinas Vorgehen klar gesehen und schließlich einen Revolutionsversuch verhindert. Dass sich hinter diesem Versuch auch die weitreichende Problematik einer grundlegenden politischen und sozialen Erneuerung in Rom verbarg, konnte Cicero nicht erkennen.

1.3. Cicero als Redner und Politiker

M. Tullius Cicero, geb. 106 v. Chr. in Arpinum, stammte aus dem Ritterstand. Nachdem ihm der Vater eine sorgfältige allgemeine Ausbildung in Rom ermöglicht hatte, widmete er sich gründlichen Studien in der Redekunst, dem Recht und der Philosophie, bevor er dann als Anwalt in der Öffentlichkeit auftrat: In der Rede *Pro Sexto Roscio Ameríno* verteidigte er seinen Mandanten erfolgreich in einer durch die politischen Verhältnisse unter Sulla schwierigen Lage. Schon mit dieser frühen Rede machte sich Cicero einen Namen als Anwalt. Bald danach heiratete Cicero Terentia. Seine rhetorische und philosophische Ausbildung setzte er in Griechenland fort (79 -77). Das erste öffentliche Amt bekleidete Cicero 75 als Quästor. Im Jahr darauf erwarb er sich in Sizilien durch seine korrekte Amtsführung Achtung und Freunde. Die Sizilianer wandten sich daher später an ihn mit der Bitte um Unterstützung, als sie sich über die erpresserischen Methoden des C. Verres beklagten. Cicero vertrat 70 im Prozess gegen Verres als kompromissloser Ankläger und fürsorglicher Anwalt die berechtigten Interessen der Sizilianer. Dabei setzte er sich gegen Hortensius durch, der bis dahin als der bedeutendste Gerichtsredner Roms gegolten hatte, diesen Ruhm nun aber an Cicero abtreten musste. Weitere Bewerbungen um Staatsämter waren ebenfalls erfolgreich: Zum jeweils frühestmöglichen Zeitpunkt wurde Cicero Ädil (69) und Prätor (66). Sein politisches Hauptziel war die Erhaltung der *res publica.* Entschlossen trat er ebenso deutlich allen revolutionären Absichten entgegen, die die etablierte „Optimatenrepublik" gefährdeten, wie auch jedem Machtmissbrauch einer herrschenden Minderheit.

Seine erste politische Rede hielt Cicero im Jahr 66: *De imperio Cn. Pompei.* Er trat dafür ein, Cn. Pompeius als bewährten Feldherrn mit dem Oberbefehl im Krieg gegen Mithridates zu betrauen. Auch hier hatte Cicero Erfolg - freilich war die Entscheidung kaum umstritten. Cicero war von dem brennenden Ehrgeiz getrieben, auch politisch im Dienst der *res publica* das Beste im Sinne seiner Auffassung zu leisten, und erhoffte sich die Bestätigung seiner Leistungen durch die Wahl zum Konsul für das Jahr 63. Obwohl die etablierte Nobilität der Wahl des Neulings *(homo novus)* zunächst skeptisch gegenüberstand, unterstützte sie schließlich Ciceros Kandidatur: Cicero und C. Antonius wurden gewählt. Als Konsul verhinderte Cicero zunächst ein Bodenreformgesetz, das dem ausführenden Ausschuss weitreichende Vollmachten gegeben hätte, wobei er in den Reden *De lege agraria* von

popularer Politik forderte, dass sie dem gesamten Volk nützt. Nach der Konsulwahl für 62, in der Catilina zum wiederholten Mal durchgefallen war, begann die entscheidende Phase der Auseinandersetzung mit dem Revolutionär, in der Cicero durch Umsicht, Redekunst und Glück schließlich Sieger blieb. Während die Catilinarische Revolution von der Geschichtswissenschaft heute eher als eine Episode beurteilt wird, betrachtete Cicero seinen Erfolg zeitlebens als eine große staatsmännische Tat und als Modellfall für die Erhaltung der *res publica.* Er setzte sich als Retter des Staates in Entsprechung zu Romulus als seinem Begründer, sah sich als Werkzeug der Götter bei der Erhaltung Roms und identifizierte sich in seinen Interessen mit denen von *patria und res publica.* Dies zeigte sich in mehreren Reden und Werken von den Catilinarischen Reden an über die Reden *Pro Sestio* (56) und *Pro Milone* (52), die Briefe *(Epistulae ad Atticum, ad familiares und ad Quintum fratrem*) und die theoretischen Schriften (z.B. *De oratore* und *De re publica)* bis hin zu den 14 Philippischen Reden gegen Antonius in seinem letzten Lebensjahr (44/43).
Doch bei aller geistigen Größe Ciceros und trotz des Erfolgs von 63 zeigte sich bald, dass Cicero als Politiker seinen Höhepunkt bereits überschritten hatte und die tatsächliche geschichtliche Entwicklung ihm politisch - nicht moralisch - Unrecht gab. Die unmittelbar nach der Hinrichtung der Catilinarier erhobenen Vorwürfe, er habe römische Bürger ohne Urteil hinrichten lassen, das Triumvirat von Cäsar, Pompeius und Crassus sowie die Wahl seines Gegners P. Clodius Pulcher zum Volkstribunen führten dazu, dass Cicero 58 ins Exil gehen musste, sein Verhalten gegen die Catilinarier rückwirkend verurteilt und sein Besitz beschlagnahmt wurde. Erst 57 kehrte Cicero zurück in der Meinung, alle „Gutgesinnten“ (*boni*) stünden nach wie vor auf seiner Seite. In Wirklichkeit war Cicero ziemlich isoliert. Er konnte seine Vorstellungen zwar nach wie vor in Reden und Schriften theoretisch vertreten, aber nicht verhindern, dass die große Politik schließlich mehr und mehr ohne ihn stattfand. Zunächst wurde Pompeius der mächtigste Mann in Rom; dann herrschte, nach dem Sieg gegen Pompeius (Schlacht bei Phársalos 48), dem Cicero gefolgt war, und nach weiteren Siegen gegen die Republikaner (Thapsus 46; Munda 45), Cäsar allein. Cicero war zwar 47 von Cäsar großzügig begnadigt worden, konnte aber mit seiner Mahnung, die *res publica* wiederherzustellen, bei ihm nichts erreichen. Die Zeit der römischen Republik war abgelaufen.
Auch persönlich musste Cicero einen herben Niedergang erleben: 46 ließ er

sich nach dreißigjähriger Ehe von Terentia scheiden, eine zweite Ehe zerbrach bald und der Tod der geliebten Tochter Tullia (45) erfüllte ihn mit tiefstem Schmerz. Er suchte Trost in der Philosophie: Innerhalb von zwei Jahren schenkte er den Römern ein Kompendium griechischer Philosophie in lateinischer Sprache (u.a. in den Werken *De finibus bonorum et malorum, De natura deorum* und *De officiis).* Erneute Hoffnung für die Republik und seine Rolle in ihr schöpfte Cicero nach der Ermordung Cäsars (44). Zum letzten Mal versuchte er für die Republik einzutreten mit seinen Philippischen Reden gegen Antonius, in denen er diesen als Räuber und Staatsfeind *(hostis)* brandmarkte und für C. Caesar Octavianus, Cäsars Adoptivsohn, als Staatslenker eintrat, der die Republik retten könne. Doch konnte Cicero nicht verhindern, dass Antonius eine Verständigung mit Octavianus erreichte, Cicero ächtete und schließlich am 7. Dez. 43 auf der Flucht in der Nähe von Formiae ermorden ließ. Octavianus-Augustus blieb es schließlich vorbehalten, im Gegensatz zu Ciceros und in Fortsetzung von Cäsars Zielen, freilich unter Preisgabe der alten republikanischen Staatsform, das römische Staatswesen zu erneuern.

1.4. **Ciceros Catilinarische Reden**

In der Senatssitzung am 8. (7.) November informierte Cicero zunächst die Senatoren über die jüngsten Ereignisse und den Mordanschlag, für den er jedoch keine handfesten Beweise vorlegen konnte. Als Catilina zur Überraschung aller erschienen war und weiter den Unschuldigen spielte, hielt Cicero die erste Catilinarische Rede, die vielleicht z.T. improvisiert, gedanklich aber nichtsdestoweniger sorgfältig überlegt war. Er wollte bei Catilina durch die Enthüllung mancher Einzelheiten den Eindruck erwecken, er wisse über alle Pläne genau Bescheid. Catilina sollte auch glauben, er sei in Rom völlig isoliert. Dies traf zwar nicht voll, aber doch im Prinzip zu. Während die entschiedenen Optimaten auf energischem Durchgreifen bestanden, lehnten einige eher popular gesonnene oder besonders vorsichtige Senatoren Maßnahmen ab, solange man keine eindeutigen Beweise habe. So musste Cicero die einen vertrösten, die anderen auf seine Seite zu bringen versuchen. Indem er nun Catilina mit vielfältigen rhetorischen Mitteln nahe legt, Rom mit seinen Anhängern sofort zu verlassen und sich zum Heer des Manlius zu begeben - er weiß von dieser seiner Absicht sicher -, will Cicero zugleich klare Fronten schaffen, eindeutige Beweise liefern und Rom von

den Revolutionären befreien. Cicero errang mit der ersten Catilinarischen Rede einen Teilerfolg: Catilina ging aus dem Senat weg, verließ noch in derselben Nacht Rom und begab sich zu Manlius. Seine Anhänger jedoch hatte Catilina in Rom gelassen.
Tags darauf, am 9. (8.) November, teilte Cicero bei einer *contio* dem Volk in der zweiten Catilinarischen Rede die Geschehnisse vom Vortag und Catilinas Weggang mit und rechtfertigte sein eigenes Vorgehen. Catilina hatte nämlich behauptet, ins Exil nach Massilia zu gehen, und damit Cicero die Schuld an einem rechtswidrigen Ausweisungsbefehl zuschieben wollen; Cicero war sich jedoch nach wie vor sicher, dass er zu Manlius gehen werde. Einige Tage danach wurde in Rom bekannt, dass sich Ciceros Annahme bestätigt und Catilina das Kommando über das Heer des Manlius übernommen hatte. Während also die Absichten Catilinas offenkundig waren und die Hauptgefahr für die Stadt beseitigt war, musste nun alle Aufmerksamkeit den in der Stadt gebliebenen Revolutionären gewidmet werden. Diese waren sich noch nicht einig, wann sie in Rom losschlagen, d.h. die Stadt anzünden und Cicero ermorden wollten. Cicero kannte die Namen der Catilina-Anhänger und erfuhr, dass der 19. Dezember in Aussicht genommen war. Er wartete jedoch immer noch darauf, unwiderlegbare Beweise in die Hand zu bekommen. Da kommt ihm Anfang Dezember ein glücklicher Zufall zu Hilfe.
Der Mitverschworene Lentulus will Gesandte der gallischen Allóbroger, die sich gerade in Rom befinden, für Catilinas Vorhaben gewinnen. Diese verraten das Ansinnen jedoch an ihren Patron Sanga, der wiederum Cicero alles berichtet. Dieser sorgt dafür, dass die Gesandten weiter verhandeln und sich schriftliche Bestätigungen geben lassen. Die Gesandten werden am 3. Dezember an der Milvischen Brücke (der nördlichsten Tiberbrücke Roms) gefangen genommen und müssen die Beweisstücke abliefern. Noch am gleichen Tag werden auch die Verschwörer verhaftet und vor dem Senat zum Geständnis gezwungen. Am Abend berichtet Cicero in der dritten Catilinarischen Rede dem im Rahmen einer *contio* auf dem Forum versammelten Volk über die jüngsten Ereignisse und wird als Retter gefeiert. Für den folgenden Tag werden strenge Sicherheitsvorkehrungen getroffen, um eine Befreiung der Gefangenen zu verhindern. Ob Cicero aufgrund des *senatus consultum ultimum* die Todesstrafe ohne förmliches Urteil verhängen konnte, war und ist umstritten. Jedenfalls befragt er den Senat. Schon am 5. Dezember wird in einer dramatischen Senatssitzung über das Schicksal der Angeklagten beraten. Der designierte Konsul Silanus fordert die Todesstrafe

und findet bei allen 14 Konsularen Zustimmung. Cäsar jedoch als designierter Prätor erklärt diesen Antrag als gesetzwidrig, plädiert für lebenslängliche Haft und findet seinerseits Zustimmung. Cicero greift in die Diskussion ein, spricht sich nicht eindeutig für einen der beiden Vorschläge aus, lässt jedoch erkennen, dass er dem Todesurteil eher zuneigt. Vor allem aber drängt er darauf, rasch zu handeln und bei der Bestrafung die Sicherheit des Staats zu berücksichtigen. Auch diese (4.) Catilinarische Rede ist von Cicero i.J. 60 unter seinen 12 *orationes consulares* herausgegeben worden.
Entscheidend wird die Rede des M. Porcius Cato, nach dessen Ansicht die Hinrichtung die einzig angemessene Strafe ist. Die Mehrheit des Senats schließt sich bei der Abstimmung ihm an. Cicero lässt die Todesstrafe noch am gleichen Abend an den fünf Verschwörern vollstrecken.

1.5. Cicero und die antike Rhetorik

Rhetorik als „Kunst der Überredung“ ist heute wie ehedem ein wichtiger Faktor im öffentlichen Leben. In der Antike gilt dies in gleicher Weise für ihre beiden Erscheinungsformen: die Kunst der Rede und die Theorie der Rede. Schon in Homers Epen Ilias und Odyssee, ebenso aber auch in der Lyrik und der Tragödie der Griechen finden wir Beispiele wohlgeformter und wirkungsvoller Rede. Entscheidend ausgeprägt wurde die Kunst der Rede aber durch die Institution der griechischen, vor allem der attischen Demokratie, insbesondere durch Gerichtsverfahren, beratende Versammlungen und Festveranstaltungen. Drei Gattungen der Rede entwickelten sich so ganz natürlich: die Gerichtsrede, die beratende politische Rede und die Gelegenheitsrede. Ihren Höhepunkt erreicht die griechische Redekunst im vierten Jahrhundert vor Chr. mit den Rednern Lysias († ca. 380) , Isokrates († 338) und Demosthenes († 322).
Um diese Zeit waren die praktischen Erfahrungen der Redner auch bereits theoretisch formuliert worden. Der Sophist Gorgias hatte die Rede als „Meisterin der Überredung“ bestimmt, durch die vor allem die Gefühle der Zuhörer erregt werden müssten. Ein wirkungsvolles Mittel zu diesem Zweck sah er in bestimmten Stilfiguren, z.B. in Satzformen wie Antithese und Parallelismus, in Klangeffekten wie gleicher Anzahl von Silben bei sich entsprechenden Satzgliedern (Párison) und ähnlichem Ausgang mehrerer Wörter (Homoiotéleuton). Weiterhin lehrte Gorgias, die Situation (Zeit, Ort und Umstände) müsse vom Redner sorgfältig beachtet werden. Kritik in

scharfer Form erfuhr Gorgias († ca. 380) von philosophischer Seite: Sokrates († 399) und Platon (427 - 347) warfen ihm vor, seine Rhetorik orientiere sich zu sehr am Erfolg und zu wenig am Guten. Damit ist ein Kernproblem der Rhetorik getroffen: Immer ist sie offen für Manipulation.
Der Gorgiasschüler Isokrates betonte die drei für den Redner als Person entscheidenden Voraussetzungen: Naturanlage, Ausbildung und Übung. Ein ausführliches Lehrbuch mit dem Titel „Rhetorik" schrieb der Philosoph Aristoteles (384 - 322 v. Chr.). Sein Einteilungsprinzip bilden die Arbeitsstadien des Redners: Stoffsammlung, Aufbau und sprachlich-stilistische Gestaltung. Die Argumentation des Redners stützt sich vor allem auf - z.T. verkürzte - Beweise und Beispiele. Auch auf die sprachliche Gestaltung, besonders auf Stileigenheiten wie Figuren, Periode und Prosarhythmus, geht Aristoteles ausführlich ein. Ergänzt und systematisiert wurde die Lehre der Stilqualitäten von seinem Schüler Theophrast († ca. 287 v. Chr.).
Die wichtigste Erweiterung der rhetorischen Theorie in der Folgezeit - besonders für die Gerichtsrede von Bedeutung - bringt im 2. Jahrhundert v. Chr. Hermágoras von Temnos mit der Systematisierung der Lehre von den möglichen Fragestellungen (Stasis-Lehre). Damit war die Theorie weitgehend abgeschlossen.
Im zweiten Jahrhundert v. Chr. wurden die Römer mit der griechischen Theorie der Rhetorik bekannt. Ihr System bietet in den wichtigsten Grundzügen um diese Zeit (mit lateinischen Begriffen) folgendes Bild:

Voraussetzungen des Redners

a) Naturanlage	*(natura)*
b) Ausbildung (Theorie)	*(doctrina, ars)*
c) Erfahrung, Übung	*(usus, exercitatio)*

Arten der Rede

a) Gerichtsrede	*(genus iudiciale)*
b) Staatsrede	*(genus deliberativum)*
c) Gelegenheitsrede (Festrede)	*(genus demonstrativum)*

Arbeitsstadien des Redners

a) Stoffsammlung	*(inventio)*
b) Stoffgliederung	*(dispositio)*

c) Darstellung (Ausdruck, Stil)	*(elocutio)*
d) Auswendiglernen	*(memoria)*
e) Vortrag	*(pronuntiatio, actio)*

Teile der Rede

a) Einleitung	*(prooemium, exordium)*
b) Darstellung des Sachverhalts	*(narratio)*
c) Präzisierung des Problems	*(partitio, divisio)*
d) Beweisführung	*(argumentatio)*
e) Schluss	*(conclusio, peroratio)*

Stilqualitäten

a) Sprachrichtigkeit	*(puritas, Latinitas)*
b) Deutlichkeit	*(perspicuitas)*
c) Angemessenheit	*(aptum)*
d) Schmuck	*(ornatus)*

Charakteristisch für die Römer ist, dass sich der angehende Redner an erfolgreiche Politiker und geachtete Anwälte als persönliche Vorbilder anschließt. Das bedeutet, dass der junge Römer das Reden vor allem aus der Praxis, weniger aus der Theorie lernt. Wie eine Stellungnahme zu ihr sehen zwei Sätze aus, die uns aus Schriften des älteren Cato († 149) erhalten sind: In dem einen wird der Redner als *vir bonus dicendi peritus* bestimmt; der andere lautet: *rem tene, verba sequentur.* Daraus könnte man entnehmen, dass Cato Gesinnung und Inhalt höher bewertete als Form und Ausdruck. Der gleiche Mann betonte die Eigenständigkeit alles Römischen und warnte vor der Gefahr einer Überfremdung durch Griechisches.

Aber Cato hat - wie die Römer allgemein, ob eingestanden oder nicht - viel von den Griechen gelernt, auch auf dem Gebiet der Rhetorik. Griechische Rhetoriklehrer wirkten in Rom; und als um 95 v. Chr. eine erste Schule lateinischer Redelehrer in Rom begründet wurde, wurde vielleicht schon bald (Datum umstritten!) ein Lehrbuch mit dem Titel *Rhetorica ad Herennium* verfasst, das in lateinischem Gewand das griechische System der rhetorischen Theorie bietet. Wenn schließlich Cicero in *De oratore* Crassus und Antonius, die bedeutendsten Redner um 100 v. Chr., miteinander diskutieren lässt, so zeigt sich, dass die Vertreter römischer Praxis auf dem Boden griechischer Theorie stehen.

In den achtziger Jahren ist Ciceros Jugendschrift *De inventione* entstanden. Sie schöpft zwar aus ähnlichen griechischen Quellen wie die *Rhetorica ad Herennium* hat aber einen ganz anderen Charakter: Nicht die stofflichen Einzelheiten, sondern ihre grundsätzliche, philosophische Durchdringung steht hier im Vordergrund. Schon Ciceros frühe Reden zeigen, dass er selber dieser Forderung entspricht. Auch später geht aus seinen Reden deutlich hervor, wie sorgfältig er nicht nur die jeweilige Situation analysiert und in welch geschliffener Ausdrucksweise er formuliert, sondern auch, wie sehr er es versteht, das Einzelne mit dem Grundsätzlichen zu verbinden, die gegenwärtige Erscheinung im Licht historischer Erfahrung zu sehen und politische Tagesfragen im Hinblick auf das anerkannte Recht zu beurteilen.
Damit verkörpert Cicero in hohem Maße den allseitig, besonders auch in Philosophie, Geschichte und Recht gebildeten Redner, dessen Bild Crassus als Dialogfigur in Ciceros rhetorischem Hauptwerk *De oratore* zeichnet. Dass Cicero solchen Forderungen tatsächlich entspricht, zeigen mehrere seiner bedeutenden Reden, wie z. B. die gegen Verres (70 v. Chr.), über den Oberbefehl des Cn. Pompeius (66), gegen Catilina (63), für Sestius (56) und für Milo (52).
Weil sich in Cicero reiches theoretisches Wissen und brillantes praktisches Können, Vertrautheit mit griechischer Bildung und Kenntnis der römischen Welt wie kaum je zuvor oder danach verbinden, sah und sieht man in ihm zu Recht den souveränen Meister der römischen Rhetorik im praktischen wie im theoretischen Sinn.

Nicht ohne Grund hat Quintilian (ca. 35-100 n. Chr.) in den 12 Büchern seiner *Institutio oratoria* (ca. 95) Cicero als das unübertroffene Muster der Redekunst hingestellt, nicht ohne Grund erreicht in Tacitus' *Dialogus de oratoribus* (um 100 n. Chr.) die Liste der bedeutendsten Redner, die ähnlich schon Cicero in seinem *Brutus* (46 v. Chr.) aufgestellt hatte, mit Cicero selber ihren Höhepunkt. Später hat die Renaissance Cicero auch als stilistisches und rhetorisches Vorbild wieder entdeckt.
Auch heute hat es nach wie vor seinen guten Sinn, Cicero als Meister der antiken Rhetorik zu lesen und zu studieren: Ziele und Mittel der modernen Rhetorik entsprechen durchaus denen der antiken: Auch sie will überzeugen und überreden, indem sie Einsicht und Gefühle der Zuhörer anspricht, auch sie achtet dabei auf Situation, Gedankenführung und Sprache, auch sie setzt besondere stilistische Mittel überlegt und gezielt ein. Chancen und Gefahren der Rhetorik bestehen nach wie vor in gleicher Weise: Die Kunst der Rede

kann in der Werbung und vor Gericht, beim Lehrvortrag und in der Politik Erfolg bringen, aber auch die Wahrheit gefährden; sie kann hohen sprachlichen Rang erreichen, aber auch in bloßem Formalismus erstarren. Rhetorik bedarf der Aufmerksamkeit und der Kritik: Sie ist heute so ambivalent wie ehedem.

1.6. Rhetorisch-stilistische Gestaltungsmittel

In dieser Übersicht sind wichtigere Begriffe zusammengestellt, erläutert und durch Beispiele aus Ciceros erster Rede gegen Catilina belegt. Die Funktion der stilistischen Erscheinungen ist jeweils nur im Kontext zu ermitteln (vgl. Beispiele im Kommentar).

ALLITERATION	Gleicher Anlaut bei mehreren Wörtern (10: *patent portae: proficiscere*)
ANAPHER	Wiederkehr desselben Wortes am Anfang von aufeinander folgenden Wortgruppen oder Sätzen (1: *nihil ... nihil ... nihil ...*)
ANTITHESE	Gedanklicher Gegensatz zwischen Einzelwörtern, Wortgruppen oder Sätzen (17: *domum meam relinquendam putarem, tu tibi urbem non arbitraris?*)
ASYNDETON	Fehlen eines Verbindungsglieds (Pronomen, Konjunktion) zwischen Wörtern oder Sätzen (4: *nox nulla intercessit: interfectus est ...*)
CAPTATIO BENEVOLENTIAE	Kompliment für die Zuhörer, um ihre Zuneigung zu gewinnen (9: *in hoc orbis terrae sanctissimo gravissimoque consilio*)
CHIASMUS	Überkreuzstellung entsprechender Gedanken oder Satzglieder (5: *castrorum imperatorem* ✕ *ducemque hostium*)

EXEMPLUM	Als Argument verwendetes, vielfach historisches Beispiel (3: *P. Scipio...*)
GEMINATIO	Wortwiederholung in unmittelbarer Folge (3: *fuit, fuit ista quondam ... virtus*)
HENDIADYOIN	Wiedergabe eines Gedankens (Begriffs) durch mehrere einander ergänzende Ausdrücke, die in der Regel nicht synonym sind (2: *furorem ac tela*) Keine scharfe Abgrenzung gegenüber der SYNONYMENHÄUFUNG (vgl. § 4 Ende)
HOMOIOTELEUTON	Gleichklang der Endung bzw. des Ausgangs mehrerer Wörter (1: *... egeris, ... fueris, ... convocaveris,... ceperis*)
HYPERBATON (= SPERRUNG)	Trennung syntaktisch zusammengehöriger Wörter durch Zwischenstellung anderer, die quasi „überschritten" werden müssen (1: *sese effrenata iactabit audacia*)
HYPERBEL	Übertreibung (2: *designat oculis ad caedem unum quemque nostrum*)
INTERROGATIO (= RHETORISCHE FRAGE)	Frage, die eine Aufforderung oder eine Aussage vertritt und auf die keine Antwort erwartet wird, weil sie als klar gilt (1: *patere tua consilia non sentis?*)
IRONIE	Verwendung eines dem eigentlich Gemeinten entgegengesetzten Ausdrucks (2: *nos fortes viri*)
KLIMAX	Steigerung zum Wichtigen hin innerhalb einer Wort- oder Satzreihe (8: *nihil agis, nihil moliris, nihil cogitas*)
LITOTES	Verstärkung des Gemeinten durch Verneinung des Gegenteils (3: *non deest ... consilium*)

METAPHER	Verwendung eines Wortes in einem ihm ursprünglich nicht zukommenden, also übertragenen Sinn (bildlicher Ausdruck) (1: *coniurationem constrictam teneri ...*)
OXYMORON	Verbindung zweier scheinbar widersprüchlicher Begriffe (21: *cum tacent, clamant*)
PARALLELISMUS	Gleichordnung einander entsprechender Satzglieder bei fast gleicher Wortzahl (17: *[dubitas], quorum mentis...volneras, eorum aspectum... vitare?*)
PARENTHESE	Zwischenschaltung eines selbständigen, konstruktionsfremden - meist kurzen Satzes bzw. Ausdrucks (3: *... - dico aperte - ...*)
POLYSYNDETON	Durch häufigere Wiederholung derselben beiordnenden Konjunktion verbundene Wort- oder Satzreihe (21: *et frequentiam videre et studia perspicere et voces exaudire potuisti*)
PRAETERITIO	Kurze Erwähnung von Gedanken oder Tatsachen, die aber nicht näher ausgeführt werden (3: *nam illa nimis antiqua praetereo*)
REDUNDANZ	Häufung inhaltlich gleicher oder wenig unterschiedlicher Informationen, Fragen oder Ausdrücke (14: *non ad privatam ignominiam vitiorum tuorum, non ad domesticam tuam difficultatem ac turpitudinem*)
SYNEKDOCHE (= PARS PRO TOTO)	Engerer Begriff für einen weiteren (12: *tecta* „Häuser")
SYNONYMENHÄUFUNG	Häufung von Ausdrücken gleicher oder ähnlicher Bedeutung, meist als Synonymenverdopplung (10: *munivi atque firmavi*)

TRIKOLON	dreigliedriger Ausdruck, meist mit einer KLIMAX verbunden (8: *nihil agis, nihil moliris, nihil cogitas*)
VERGLEICH	Veranschaulichung eines gemeinsamen Gehalts (des sog. *tertium comparationis*) zweier Gegenstände, Vorgänge, Bereiche oder Aussagen, die durch „wie“ miteinander in Beziehung gesetzt sind (31: *ut saepe homines aegri...,* *sic hic morbus, qui est in re publica, ...*)
WACHSENDE GLIEDER	Sätze oder Wortgruppen, bei denen die Wortzahl (bzw. Silbenzahl) wächst (1: *Patere ... non sentis? Constrictam ... teneri ... non vides? ... ubi fueris,...... quem nostrum ignorare arbitraris?*)

(Der Großteil der Begriffe ist - entsprechend der historischen Entwicklung - griechisch, nur sechs sind lateinisch, vereinzelte deutsch; der moderne Terminus Redundanz ist wohl gebildet nach Cicero *redundantia* „Überfülle des Ausdrucks”.)

2. KOMMENTAR

1 Zur Situation vgl. Vorbemerkung zum Text sowie Einleitung (1.2).
Catilina: Cicero hatte zunächst zum Senat gesprochen. Das geht aus seinen eigenen Worten hervor: *horum omnium scientia* (§ 1); *quem nostrum ignorare arbitraris* (§ 1); *senatus haec intellegit* (§ 2). Inzwischen ist Catilina im Senat erschienen, um seine Unschuld darzutun. An ihn wendet sich Cicero nun persönlich (vgl. zu § 1 Wilsing, Praxis II 79-81; Vretska, Anr. 37, 243-248).
abutere: *-re* für *-ris* in der 2. Person Singular Passiv und bei Deponentia ist die alte, ursprüngliche Form. Sie wurde zunächst im Indikativ Präsens, dann auch in den anderen Modi und Tempora verdrängt. Terenz verwendet *-re* fast ausschließlich, Cicero vorwiegend (Ausnahme: Ind. Präs.); bei Vergil und anderen Dichtern steht *-re* häufig als Archaismus.
Quo usque tandem abutere ... ?: Eine Aussage oder eine Aufforderung kann in die Form einer Frage gekleidet und dadurch verstärkt werden. In der Regel wird dabei die Antwort als selbstverständlich angesehen. Eine solche Frage bezeichnet man als rhetorische Frage (INTERROGATIO).
effrenata ... audacia: *audacia* trägt hier, wie aus dem Attribut *effrenata* hervorgeht, deutlich negative Züge (Unverfrorenheit). Substantiv und Attribut sind durch das Verbum *iactabit* getrennt (Sperrung = HYPERBATON): Damit rückt das wichtigste Wort an die Tonstelle am Satzende. Aus Ciceros Wortwahl *(abutere ... patientia, furor ... eludet, effrenata audacia)* geht seine negative Beurteilung Catilinas deutlich hervor. Die drei ersten Fragen sind ohne Satzverbindung nebeneinander gestellt (ASYNDETON): Durch ihre pochende Abfolge sollen sie den Gegner einschüchtern und zugleich den Senat von der Unhaltbarkeit des Zustands überzeugen. Insofern die Fragen bei verändertem Wortlaut weitgehend inhaltsgleich sind, spricht man in der modernen Informationstheorie und Sprachwissenschaft von REDUNDANZ: Der Redner setzt redundante Formulierungen bewusst ein, um bei einem ihm wichtigen Gedanken zu bleiben. Dass sich die Fragen inhaltlich entsprechen, wird durch die Gleichheit der Anfangslaute (ALLITERATION) bei *quo ... quam diu ... quem ...* unterstrichen. Bei ihrer Dreigliedrigkeit (TRIKOLON) erhalten die Fragen zugleich eine inhaltliche Steigerung (KLIMAX).
nihil ... nihil ... nihil ...: Durch die Wiederholung des gleichen Wortes an Satz- oder Kolonanfängen (ANAPHER) kann Eindringlichkeit erreicht werden. Die Subjekte dieses Satzes lassen sich, paarweise geordnet, dem

Konsul, dem Volk und dem Senat zuordnen. Cicero stellt damit die drei maßgebenden Instanzen der römischen *res publica* in Gegensatz zu Catilina.
Palatium: Der Palatin ist einer der sieben Hügel Roms. An seiner Südostseite lag der luppiter-Stator-Tempel. Seine Umgebung war strategisch wichtig. Cicero hatte die Senatssitzung aus Sicherheitsgründen dorthin verlegt und das Palatium vorsorglich bewachen lassen. Später wird das Wort *palatium* für den Palast des Augustus auf dem Palatin verwendet. Davon sind die deutschen Lehnwörter Palast und (Kaiser-)Pfalz abzuleiten.
boni: Das Wort hat hier nicht ethische, sondern politische Bedeutung im Sinn von „anständige Menschen, Patrioten, Konservative". Es ist das Schlagwort der konservativen Römer für die Angehörigen und Anhänger der eigenen Gruppe, also der im Senat tonangebenden Optimaten. Ciceros politisches Programm war von dem Gedanken bestimmt, einen *consensus omnium bonorum* zu erreichen (vgl. besonders die Rede *Pro Sestio* § 96 ff., wo es für *boni und optimates* primär auf die Gesinnung, nicht auf die Gruppenzugehörigkeit ankommt).
hic/horum: Die Sprache einer Rede berücksichtigt die Situation, in der die Rede gehalten wird. Mit *hi* bezeichnet Cicero also die Senatoren, mit *hic locus* den Tempel des Iuppiter Stator. Die Pronomina werden von entsprechenden Gesten begleitet.
ora voltusque: „Mienen und Blicke" (SYNONYMENHÄUFUNG): *os* bezeichnet speziell die Mundpartie, *voltus* den Ausdruck der Augen. -
voltus ist die ältere Form für *vultus,* in der statt des späteren *vu-* noch *vo-* erscheint (so bei Terenz noch regelmäßig, bei Sallust dann als Archaismus).
Patere ... non sentis? Constrictam teneri ... non vides? Quid ... egeris ... quem nostrum ignorare arbitraris?: Bei affektischen Fragen ohne Fragepartikel geht der Charakter der Frage aus dem Ton hervor. Die vorliegenden rhetorischen Fragen (INTERROGATIO) sind im Inhalt ähnlich, nehmen jedoch, aufs Ganze gesehen, an Zahl der Wörter zu (WACHSENDE GLIEDER): Dem entspricht eine Steigerung im Inhalt und eine Zunahme an Präzision (KLIMAX).
constrictam teneri: Der Ausdruck wird eigentlich verwendet von einem Tier, das sich in einem Netz verfangen hat. Hier liegt also übertragener Sprachgebrauch (METAPHER) vor. Zugleich ist der Ausdruck übertrieben (HYPERBEL): Dass die Senatoren Bescheid wissen, setzt zwar voraus, dass Cicero sie vorher informiert hat (vgl. § 1 Anfang), bedeutet aber nicht, dass sie Ciceros Beurteilung in vollem Umfang teilten. Durch die scheinbare

Eindeutigkeit soll Catilina weiter eingeschüchtert werden.
quid ... egeris ...: Von den vier indirekten Fragesätzen ist der erste zusammenfassend allgemein, die drei folgenden gliedern inhaltlich auf. Alle vier Verbformen haben die gleiche Endung *-eris* (HOMOIOTELEUTON): Damit wird der Zusammenhang der Cicero bekannten Tätigkeiten Catilinas klanglich unterstrichen.
proxima ... superiore nocte: Die verfügbaren Zeugnisse lassen keinen sicheren Schluss darüber zu, ob die Rede am 7. oder am 8. November 63 gehalten wurde. Entsprechend variiert der Ansatz der letzten und der vorletzten Nacht (vgl. dazu H. Drexler, Die Catilinarische Verschwörung 141-150).
quem ignorare arbitraris: Rhetorische Frage (INTERROGATIO) statt der Aussage *nemo ignorat* mit dem Sinn „jeder weiß" (LITOTES).

2 **O tempora, o mores**: Emphatischer Ausruf. Sowohl Catilinas Verhalten wie das des Senats weicht von dem als maßgebend betrachteten *mos maiorum* ab (↗ §§ 3/4). Diese Formulierung verwendet Cicero noch viermal.
Senatus haec intellegit, consul videt: Die ohne Verbindung nebeneinander gestellten Sätze dienen hier der gerafften Aufzählung (aufzählendes ASYNDETON).
... vivit. Vivit? ...: Wortwiederholung (GEMINATIO): Sie tritt in mehreren Formen auf: Hier wird das Schlusswort aus dem vorangehenden Satz aufgenommen und im Folgenden berichtigt bzw. schärfer gefasst.
Immo vero ...: So wird das Unerhörte in Catilinas Verhalten hervorgehoben sowie die Ungeheuerlichkeit, dass man gegen ihn nicht härter vorgeht.
publici consilii: der Senatssitzung („öffentliche Ratsversammlung").
... venit, fit ..., notat ...: Aufzählendes ASYNDETON mit KLIMAX.
notat et designat oculis ad caedem unum quemque nostrum: Prüft man den genauen Sinn der Worte, so ergibt sich, dass eine Übertreibung (HYPERBEL) vorliegt. Solche Übertreibungen waren in Parteireden durchaus üblich und geduldet, wenn ihr sachlicher Kern zutraf. Dies ist hier der Fall: Catilina hatte die Ermordung Ciceros geplant. Die Mordpläne kommen, nachdem sie Cicero bereits dem Senat berichtet hatte, nun erstmals vor Catilinas Ohren zur Sprache. Genauer geht Cicero in § 9 darauf ein.
Nos ... fortes viri: Die vorangehende implizite Kritik Ciceros am Senat und an sich selber zeigt, dass Cicero hier das Gegenteil des Gesagten meint (IRONIE) und die zögernde Haltung des Senats unüberhörbar kritisiert. Echte *viri fortes* müssten mit Cicero der Meinung sein, dass für sie der *mos maiorum*

verpflichtend ist. Im Interesse der Staatserhaltung müsste man Catilina entschlossen das Handwerk legen (vgl. §§ 3 und 4).

res publica: Hier wird der Begriff eingeführt, mit dessen Inhalt („Sache des Volks") Cicero sich identifiziert: Die *res publica* ist es vor allem, die man vor Catilina schützen muss. Der Begriff taucht im Folgenden immer wieder leitwortartig auf (Themabegriff), u.a. um klarzustellen, dass Catilinas Tun alle angeht und nicht als Privatfeindschaft mit dem Konsul angesehen werden kann.

furor: Eines der Leitworte für die Zeichnung von Catilinas Charakter (vgl. § 1 mit Kommentar und Sallust, Cat. coni. 5; Cicero, Pro Caelio 12-14: Begleittext 1).

furorem ac tela: HENDIADYOIN („wahnwitzige Anschläge").

Ad mortem ... duci: Die These, Catilina habe den Tod verdient, wurde nicht von allen Senatoren vertreten (vgl. § 5 und § 30, wo Cicero daraus Folgerungen für sein Vorgehen zieht). Von den Senatoren wäre ein Tötungsbefehl wohl nur in einer eindeutig nachgewiesenen „Notwehr"-Situation als berechtigt angesehen worden, die - zumal da konkrete Beweise noch fehlten - nicht gegeben schien.

iam pridem: HYPERBEL; möglich wäre ein Todesurteil gegen Catilina allenfalls seit dem 21./22. Okt. gewesen, an dem der Notstand erklärt worden war (vgl. §§ 3 und 4).

in nos omnis: Vgl. *res publica* § 2 und Kommentar.

omnīs ist die alte, bei Terenz noch einzige, von Cicero häufig verwendete, in der Dichtersprache vorherrschende Form des Akk. Plural.

machinaris: *machinari* ist griechisches Lehnwort. Die Form des Stamms mit *a* zeigt, dass das Wort in seiner dorischen Form von den Griechen - wohl Unteritaliens - übernommen wurde. Im Gegensatz dazu liegt bei dem deutschen Wort Mechanik die attische Form zugrunde.

3 **An vero ... perferemus**: *an vero* leitet den zweiteiligen Gesamtsatz (bis *perferemus)* ein, gehört also sinngemäß primär zu *perferemus.* - Dem zögernden Reagieren des Senats stellt Cicero Beispiele (EXEMPLA) beherzten Eingreifens entschlossener Staatsretter gegenüber. Erstes Beispiel ist P. Cornelius Scipio Nasica Serapio, Pontifex Maximus seit 141, ein Vetter des bekannten Feldherrn P. Cornelius Scipio Africanus Minor, der Karthago zerstört hatte und sich damals in Spanien befand. Wenn er zu Recht für den Tod des weniger gefährlichen Tiberius Gracchus sorgte, so muss das

schlimmere Tun Catilinas erst recht geahndet werden - ein Argument durch Vergleich mit entschlossenem Handeln bei weniger dringendem Anlass.
Ti. Gracchus: Tiberius Gracchus strebte 133 v. Chr. eine Agrarreform an, ging dabei aber irregulär vor, indem er einen Kollegen absetzen und sich ein zweites Mal zum Volkstribunen wählen ließ. Der amtierende Konsul, P. Mucius Scaevola, der persönlich mit der Reform sympathisierte, lehnte es ab, gewaltsam gegen Ti. Gracchus vorzugehen. Scipio, der damals ohne offizielles Amt und daher auch als *pontifex maximus* „Privatmann" war forderte, als man im Senat die Wiederwahl des Gracchus besprach, die Gleichgesinnten auf, ihm bewaffnet zu folgen (Velleius Paterculus 2,3). Er sorgte für die Ermordung des Ti. Gracchus sowie von 300 Anhängern und vertrat dann die These, er sei zu Recht getötet worden *(iure)*. Der Vorgang wird von Cicero öfters als Beispiel für Aufruhr *(seditio)* und „Tod dem Aufrührer" verwendet.
status rei publicae: Aus der Aufnahme dieser Wortgruppe z.B. bei Dante und Macchiavelli, italienisch *lo stato della repubblica* (der Zustand des Gemeinwesens), ist der moderne Begriff „Staat" hervorgegangen. *status Romanus* begegnet schon in der Spätantike, erstmals bei Tertullian.
orbem terrae caede atque incendiis vastare cupientem: Durch diese HYPERBEL soll auf die eminente Gefährlichkeit Catilinas hingewiesen werden.
Nam ... praetereo: Cicero nennt ein weiteres Beispiel, ohne näher darauf einzugehen (PRAETERITIO): Indem er das Vorgehen des C. Servilius Ahala den positiven Beispielen zuordnet wird implizit die Kritik am derzeitigen Verhalten des Senats verstärkt. Ahala, Reiteroberst *(magister equitum)* unter dem Diktator L. Quinctius 440/439 v. Chr., soll Spurius Maelius, der bei einer Getreideverteuerung Getreide billig oder unentgeltlich hergab und so in den Verdacht revolutionärer Tendenzen geriet, 439 umgebracht haben.
Fuit, fuit: GEMINATIO in der Form einfacher Wortwiederholung. Durch sie wird eine Steigerung der Aussage erreicht („unwiederbringlich dahin ist..."). **in re publica**: Vgl. § 2 und Kommentar zur Verwendung von *res publica* als Themabegriff hier und im Folgenden.
viri fortes: Aufnahme des gleichen Ausdrucks aus § 2, allerdings ohne Ironie.
civis ... hostis: Diese beiden Wörter, die einen scharfen Gegensatz bilden, werden in Ciceros Rede ebenfalls leitwortartig als Themabegriffe verwendet. Hier erscheint Catilina noch als *civis*, später wird er als *hostis* gebrandmarkt.

acrioribus ... acerbissimum: Die Verwendung stammverwandter Wörter an unserer Stelle im Rahmen einer bei oberflächlicher Betrachtung zunächst paradox erscheinenden Aussage - kann der Pointierung dienen.
Habemus senatus consultum: *habemus* ist betont durch Anfangsstellung. Bei dem *senatus consultum ultimum* handelt es sich um die - von den Popularen nie anerkannte - Notstandsverordnung, durch die in Krisenzeiten die Konsuln ermächtigt wurden, die nötigen Maßnahmen zu ergreifen, um Gefahren von Staat und Bürgern abzuwenden. Zum Wortlaut vgl. § 4 Anfang. Das hier erwähnte *senatus consultum* war am 21./22. Okt. 63 erlassen worden (vgl. Sall. Cat. Coni. 29,3).
non deest: (+ Dat.: *rei p.*): LITOTES zum Zweck der Verstärkung.
nos, nos: GEMINATIO zur Hervorhebung. Im Verhältnis zum Vorangehenden steht dieser Satz formal asyndetisch, inhaltlich bringt er einen Gegensatz. Die scheinbare Selbstkritik soll primär das Zögern des Senats kritisieren.
dico aperte: Eine kurze Aussage, die in einen anderen Satz ohne Rücksicht auf dessen Konstruktion eingeschoben ist (PARENTHESE).

4 **Decrevit quondam**: Dieses Beispiel (EXEMPLUM) zeigt, wie entschieden das *senatus consultum ultimum* bei seiner ersten Anwendung ausgenutzt wurde: Gaius Gracchus (geb. 153 v. Chr.), Bruder des Tiberius, Sohn des aus plebeischem Adel stammenden Ti. Sempronius Gracchus (Volkstribun 187, Konsul 177 und 163, Zensor 168, Triumphator über die Keltiberer) und der Cornelia, Enkel des P. Cornelius Scipio Africanus Maior, war 123/122 Volkstribun und hatte sich großen Einfluss verschafft. Als er des Strebens nach Alleinherrschaft verdächtigt wurde - er wollte eine Agrarreform und ein erweitertes Bürgerrecht durchsetzen; freilich zielten seine Maßnahmen auf den Sturz der herrschenden Aristokratie -, fand er mit mehreren Anhängern - darunter M. Fulvius Flaccus (s. unten) - im Jahr 121 den Tod.
L. **Opimius**: Konsul 121 v. Chr. Er war - als einziger in Rom anwesender Konsul - durch den Notstandsbeschluss ermächtigt, gegen C. Gracchus vorzugehen. Hier erscheint der Wortlaut des *senatus consultum ultimum: (videant consules,) ne quid res publica detrimenti capiat.*
Decrevit ...., nox nulla intercessit: interfectus est ...; occisus est ...: ASYNDETON; hier zur Kennzeichnung der schlagartigen Abfolge der Ereignisse. Bei *intercessit* und *interfectus est* Gleichklang am Anfang der Wörter, bei *nox nulla* (und anschließend öfter) ALLITERATION; bei *interfectus est* und *occisus est* liegt SYNONYMENHÄUFUNG vor.

M. Fulvius *Flaccus*: Konsul 125, Triumph über die Ligurer 123. Er hatte in seinem Konsulatsjahr vergebens versucht, den italischen Bundesgenossen das Bürgerrecht zu verschaffen. Im Jahr 122 ließ er sich zum Volkstribun wählen, um mit C. Gracchus diese Maßnahme durchzusetzen, wurde aber mit seinen beiden Söhnen (*liberis*) wie C. Gracchus 121 erschlagen.
Simili senatus consulto: Vgl. § 3 Ende und § 4 Anfang. Das Ereignis fällt in das Jahr 100 v. Chr. das Konsulatsjahr des C. Marius und des L. Valerius.
L. Saturninum ... et C. Servilium: L. Appuleius Saturninus (Quästor 104, Volkstribun 103) und C. Servilius Glaucia (Prätor 100) hatten eine populare Politik (vgl. Einleitung 1.1) betrieben: Hauptziele waren billiges Getreide und Versorgung der Veteranen mit Land. Beide wollten durch eine (illegale) Bewerbung um das Konsulat ihre Politik fortsetzen. Da sie Gewalt anwendeten, musste Marius als Konsul - obwohl er ihren Ansichten im Prinzip nahe stand - sie gefangen nehmen. Bald darauf wurden sie umgebracht.
mors ac rei publicae poena: Der Tod war nicht als Strafe festgesetzt, allerdings durch das *senatus consultum ultimum* gedeckt: *ac* präzisierend im Sinn von „und zwar (als ...)“.
vicesimum iam diem: Gegensatz (ANTITHESE) zu *unum diem.* Statt der ungenauen Zeitangabe nennt Asconius Pedianus 18 Tage.
tamquam in vagina reconditum: Mit diesem VERGLEICH wird die METAPHER vom nicht benutzten Schwert als nutzloser Waffe *(hebescere aciem)* aufgenommen: Das *senatus consultum ultimum* ist als Dokument im Archiv wertlos, wenn es nicht als wirkungsvolles Instrument des Staatsschutzes eingesetzt wird.
te interfectum esse: Perfekt für den Abschluss einer vollzogenen Handlung.
vivis, et vivis ...: Wiederaufnahme (GEMINATIO) eines Wortes, hier nach kurzer Unterbrechung durch *et.*
non ad deponendam, sed ad confirmandam audaciam: Durch den gleichen Ausgang (HOMOIOTELEUTON), der hier auch den gleichen Kasus bezeichnet, fällt der Blick auf den inhaltlichen Gegensatz von *deponere* und *confirmare.* ANTITHESE zwischen Catilinas erwünschtem und seinem wirklichen Tun.
patres conscripti: Offizielle Anrede der Senatoren: *patres* sind die Senatoren aus dem alten Erbadel, *conscripti* die Beigeordneten („Dazugeschriebenen“) aus Plebejerfamilien.
Cupio..., cupio ...: ANAPHER zur Hervorhebung der konsequenten Haltung Ciceros.

me esse clementem,... me non dissolutum videri: Das zweite Glied ist formal und inhaltlich erweitert durch *in periculis.* Cicero fragt sich, ob Milde und Vorsicht angesichts der Bedrohung durch Catilina nicht sträflichem Nichtstun gleichkommen.
inertiae nequitiaeque: Ein Grenzfall zwischen SYNONYMENHÄUFUNG und HENDIADYOIN.

5 **Castra ... contra populum Romanum ... hostium numerus ... ducemque hostium ... intestinam ... perniciem**: Durch die Wortwahl wird deutlich auf den staatsfeindlichen Charakter der Unternehmungen des Manlius (vgl. § 7) und des Catilina hingewiesen. Durch *in Italia ... intra moenia ... in senatu* wird das Ungeheuerlich-Paradoxe der Situation gekennzeichnet: der Staatsfeind im eigenen Haus! Es liegt KLIMAX bei WACHSENDEN GLIEDERN vor.
in Etruriae faucibus: Gemeint sind die Schluchten des Arno bei Faesulae (jetzt Fiesole) nördlich von Florenz im Norden von Etrurien.
castrorum imperatorem ducemque hostium: Die sich syntaktisch entsprechenden Glieder stehen überkreuz (CHIASMUS).
Si ... comprehendi, si interfici ...: ANAPHER und Steigerung (KLIMAX).
ne non ... potius omnes quam quisquam ...: „dass (noch) nicht so sehr alle ... als dass vielmehr irgendeiner...". Unmittelbarer Kontext und *iam nemo* (§ 5 Ende) machen klar, dass *non* dem Sinn von „noch nicht" nahe kommt (vgl. auch § 12: *facere nondum audeo,* ähnlich § 30). Cicero sagt, er werde, wenn er Catilina gleich jetzt (*iam*) ergreifen und töten lasse, (noch) nicht alle *boni* auf seiner Seite haben: Manch einer *(quisquam)* werde den Vorwurf zu harten *(crudelius)* Vorgehens erheben (vgl. § 30). Tatsächlich wurde dieser Vorwurf gegen Cicero erhoben. - Deutlichste deutsche Wiedergabe des Sinns (mit Umstellung der beiden Nebensatzteile) bei M. Fuhrmann (Übers. S. 231): „... muss ich wohl befürchten, dass auch nur ein Rechtschaffener sagt, ich hätte allzu scharf durchgegriffen, und nicht vielmehr, dass alle behaupten, ich hätte zu spät gehandelt." - Andere erklären, die Aussage sei mit IRONIE gemacht, worauf *credo* als Signal hinweisen könnte (vgl. H. Vester, Eine oft gelesene ... Cicerostelle, Gym. 95 [1988] 17-20).
tam improbus, tam perditus, tam tui similis: TRIKOLON mit ANAPHER und KLIMAX: Man muss fast ein Catilina sein, um die Rechtmäßigkeit scharfen Vorgehens gegen Catilina abzulehnen.
iure: Das ist in diesem Fall dann erreicht, wenn Catilina sich eindeutig als

Landesfeind erwiesen hat, diese Tatsache bewiesen ist und von niemand mehr bestritten werden kann.

6 ... **vives, et vives ita, ut nunc vivis, ...**: GEMINATIO: In diesem Fall wird das letzte Wort aus dem vorangehenden Satz am Anfang des neuen Satzes wieder aufgenommen, hier um eine präzisierende Aussage anzuschließen. Im *ut*-Satz erscheint *vivere* ein drittes Mal, diesmal im Präsens.
multis meis et firmis praesidiis: ALLITERATION bei den beiden ersten, HOMOIOTELEUTON bei allen vier Wörtern. Die klangliche Einheit unterstreicht die gedankliche.
commovere te contra rem publicam ...: Ausdrückliche Gegenüberstellung Catilina - *res publica,* d. h. wiederum ist Catilina gesehen als Feind (vgl. zu *hostis* § 3 und 5 mit Kommentar) des zu erhaltenden Gemeinwesens (vgl. zu *res publica* § 2 und 3 mit Kommentar).
Multorum: Ciceros Spitzelsystem hat funktioniert, allen voran seine Gewährsleute Q. Curius und Fulvia (vgl. Sall. Cat. coni. 23 und 26).
Etenim quid est ... ?: Der folgende Teil der Rede bis § 10 a wird oft als eine Art Darstellung des Sachverhalts (NARRATIO, vgl. Einleitung 1.5) aufgefasst. Das ist nicht ganz falsch; doch geht er in dieser Funktion nicht auf: Mehrfach ist er von stark appellativen Elementen durchsetzt (vgl. u. a. § 8 mit Kommentar und A. Primmer, Historisches und Oratorisches zur ersten Catilinaria, Gymnasium 84 [1977] 18-38). Immerhin ist die Erwähnung zahlreicher Cicero bekannter Fakten in diesem Abschnitt wichtig für Ciceros Redestrategie, da sie bei Catilina den Eindruck verstärken musste, Cicero wisse alles.
quid est, quod ... exspectes ...?: *exspectare* steht hier der ursprünglichen Bedeutung „Ausschau halten“ sehr nahe. Im Ganzen liegt eine rhetorische Frage (INTERROGATIO) und somit eine entschieden verneinte Aussage vor. Die Geheimhaltungsmöglichkeiten Catilinas und, wie sich im Folgenden zeigen soll, seine Aktionsfreiheit sind äußerst beschränkt.
si neque ... nec .., si .., si ...: TRIKOLON, dessen erstes Glied zweigeteilt ist, mit weitgehend parallel gebauten Sätzen (PARALLELISMUS). Dieser parallele Bau setzt sich in kürzerer Form bei den beiden weiteren *si*-Sätzen fort.
Muta ... incendiorum: Aufforderung zum Wandel in Gesinnung und Verhalten. Diese Aufforderung ist gerahmt durch zwei Sätze, in denen sie begründet wird.
mihi crede: PARENTHESE, durch die ein ironischer, scheinbar vertrauter Ton angeschlagen wird.

(Muta ...) obliviscere ..!Teneris .., ... sunt clariora: Das aufzählende ASYNDETON von Imperativen und Indikativen erzielt beschwörende Eindringlichkeit. Zwischen dem ersten und dem zweiten Verbpaar besteht ein Verhältnis von Folge und Grund: begründendes ASYNDETON.
luce sunt clariora ... tua consilia omnia (HYPERBEL): Zwar wusste Cicero von den meisten Plänen Catilinas, auch denen der vergangenen Nächte. Aber längst nicht alle Pläne waren „sonnenklar". Den Wunsch als bereits erfüllt hinzustellen, gehört zur Überrumpelungstaktik Ciceros.
quae ... licet recognoscas: Ankündigung des Berichts über vier Vorhaben (§ 7-10a), die Cicero teils vereitelt, teils zumindest rechtzeitig erfahren hat.

7 **Meministine ... C. Manlium ...**: (1) Cicero hatte am 21./22. Okt. vorausgesagt, dass Manlius am 27. Oktober unter Waffen stehen werde. INTERROGATIO: Die Anwort unterliegt keinem Zweifel.
certo die, qui dies ...: Wiederholung des Bezugswortes im Relativsatz ist in amtlichen Verlautbarungen und in der Rechtssprache häufig, an die Cicero sich hier anlehnt (vgl. § 4: *consultum, quo ex consulto ...* ; vgl. auch Cäsar, BG I 6,1 und V 2,3).
C. Manlium: C. Manlius, früher *centurio* unter Sulla, befehligte bis zum Eintreffen Catilinas das bei Faesulae versammelte Revolutionsheer aus unzufriedenen Bauern und Veteranen (vgl. § 5 und Einleitung 1.2).
audaciae satellitem atque administrum: *satelles* und *administer* werden in Ciceros Reden meist abwertend gebraucht, so auch hier.
Num me fefellit? (INTERROGATIO): Die Antwort „nein" ist klar. Von daher erklärt sich auch *non modo:* „Ich habe mich nicht getäuscht, weder in der Sache noch im Termin", oder: „Mir war völlig klar nicht nur die Sache, sondern auch der Termin"; *dies* nimmt die Tonstelle am Satzschluss ein.
Num ... non...: Häufung von ALLITERATIONEN: *num ... non ..., tanta ... tam ... tamque ... ; multo magis;* das steigert im Ganzen die Eindringlichkeit.
Dixi ego idem ... caedem ... optimatium: *optimates* bezeichnet in der Regel die konservativen Angehörigen des Senatorenstandes, d.h. der beiden Gruppen der *nobiles* und der *equites,* als Träger staatserhaltender Gesinnung (vgl. *boni* § 1 mit Kommentar und Einleitung 1.1). An diese Gesinnung, nicht jedoch an einen bestimmten Stand, will Cicero in der Rede Pro Sestio (56 v. Chr.) den Begriff gebunden wissen. - (2) Cicero hat den Plan zum Optimatenmord für den 28. Oktober gekannt, bekannt gemacht und so seine Durchführung verhindert.

principes civitatis: Die designierten und die gewesenen Konsuln und Prätoren, die im Senat als Erste befragt wurden, daher politisch meinungsbildend und in diesem Sinne „führend" waren (vgl. Einleitung 1.1).
profugerunt: Nach Ciceros rechtzeitiger Warnung der Betroffenen konnte das Attentat nicht stattfinden. Rhetorische Umdeutung ist es, wenn Cicero hier sagt, die Senatoren hätten durch ihr Verlassen Roms weniger das eigene Leben retten als vielmehr Catilinas Pläne vereiteln wollen.

8 **Praeneste ...**: (3) Praeneste lag 24 *milia passuum* (etwa 42 km) östlich von Rom. Als *colonia civium Romanorum* - Sulla hatte römische Bürger dort angesiedelt - wurde es von Rom aus verwaltet und genoss besondere Rechte. Cicero hatte Catilinas Absicht, die Stadt am 1. November 63 zu erobern, rechtzeitig erfahren und durch entsprechende Schutzmaßnahmen vereitelt.
meo iussu meis praesidiis, custodiis, vigiliis: Ein im Großen zweigliedriger Ausdruck mit drei Synonyma im zweiten Glied (BIKOLON und TRIKOLON mit HOMOIOTELEUTON); *praesidia* = Besatzung, *custodia* = Wachtposten, *vigiliae* = Polizeistreifen (vgl. § 1). Die Häufung weist auf die Fülle von Ciceros Maßnahmen hin und soll einschüchternd wirken.
Nihil agis, nihil moliris, nihil cogitas: TRIKOLON als ASYNDETON mit ANAPHER und KLIMAX: Tun, Planen und sogar Denken Catilinas werden von Cicero überwacht.
quod non ego non modo audiam, sed etiam videam planeque sentiam: TRIKOLON mit KLIMAX: *quod non* negiert den ganzen Rel.-Satz (dieser bedeutet zusammen mit dem HS „ich weiß alles"); ein etwa gedachtes *animadvertam* wird durch *non modo ..., sed etiam...*erläutert. Am besten übersetzt man *non modo* mit „ohne dass (ich es höre...); ja ... sogar...".
noctem illam superiorem: (4) Die vorletzte Nacht ist die Laeca-Nacht (vgl. *superiore nocte* § 1). Zum Folgenden vgl. Stroh, Absicht und Ablauf 10 f.
iam intelleges multo me vigilare acrius ad salutem quam te ad perniciem rei publicae: In der ganzen Partie mit den vier Beispielen (1) bis (4) in den §§ 7 und 8 ist die Rede von Catilinas Anschlägen und ihrer Vereitelung durch Ciceros Wachsamkeit (die entscheidende Eigenschaft eines Konsuls). Mit dem Gegensatz Catilina - Cicero untrennbar verbunden ist der Gegensatz: Verderben des Staates - Heil des Staates. Insofern hat der Satz *iam intelleges* ... den Charakter einer Zusammenfassung, ausgesprochen un-mittelbar vor einer entscheidenden Passage: Nach der Eröffnung der Einzelheiten aus der Laeca-Nacht (§ 1 hatte nur die Ankündigung enthalten) soll Catilina

kapitulieren. Vgl. zur Laeca-Nacht Sallust, Cat. coni. 27 f.
priore nocte: ~ *superiore nocte* - im Gegensatz zu *hac nocte* oder *proxima nocte.*
non agam obscure: PARENTHESE und LITOTES; deutlicher Hinweis auf uneingeschränkte Offenheit, begleitet von einer Geste der Verwahrung: Cicero will nahe legen, es handle sich um unbezweifelbare Fakten.
in M. Laecae domum: M. Porcius Laeca ist Senator (vgl. Sallust, Cat. coni. 17,3). In § 1 war auf die Zusammenkunft in seinem Haus nur durch die Zeitangabe hingewiesen. Dort sollte Catilina bangen, hier alles entdeckt glauben.
compluris: Eine Andeutung, mit der Cicero psychischen Druck ausübt, da er die Anonymität jederzeit aufheben zu können scheint.
amentiae scelerisque socios: Die Wortwahl liegt auf der bisherigen Linie der Verurteilung Catilinas durch Cicero.
Num negare audes? Quid taces?: An dieser entscheidenden Stelle der Rede fordert Cicero in einem Punkt, wo er sich sehr sicher sein kann, Catilina zum Widerspruch auf, falls seine Vorwürfe nicht stimmen sollten. Catilina könnte Einspruch erheben, verzichtet aber darauf. Cicero kann dieses Schweigen als Bestätigung seines Vorwurfs auslegen und damit als Schuldbekenntnis.
Convincam: Ein weiterer rhetorisch-taktischer Trick Ciceros: Er bietet im Fall eines Widerspruchs Senatoren als Zeugen an, die am Verschwörertreffen beteiligt waren. Der Erfolg ist, dass sich Catilina und die betreffenden Senatoren hüten, den Mund aufzutun. Vgl. In Cat. II 13 und Orator 129.

9 **O di immortales ...**: Durch diesen pathetisch-empörten Ausruf werden die folgenden Sätze äußerlich gegenüber dem Nachweis über die Laeca-Nacht als Exkurs markiert. Sie sind freilich wesentlich für den intendierten Appell an den Senat: Erneut soll ihm die Unhaltbarkeit der Zustände vor Augen gestellt werden (vgl. § 2). In § 9 wird die Verbindung zweier Absichten besonders deutlich: Bloßstellung Catilinas und Gewinnung des Senats.
Ubinam gentium sumus ... ?: Die Figur der INTERROGATIO kehrt in parallel gebauten kurzen Sätzen dreimal wieder. Dabei wird der ins Auge gefasste Raum immer enger: Erde - Staat - Rom.
Hic, hic: GEMINATIO als Zeichen der Emphase des Sprechers unter Einbeziehung des Publikums, am Beginn einer Klage über die für Rom unhaltbaren Zustände.
orbis terrae: „das Erdenrund“: HYPERBEL (vgl. § 3).

sanctissimo gravissimoque: SYNONYMENHÄUFUNG und HOMOIOTELEUTON, um die Bedeutung des Senats und - im Gegensatz dazu - das Ungeheuerliche an Catilinas Tun herauszustellen; CAPTATIO BENEVOLENTIAE.

qui.., qui ...: ANAPHER, durch die sinnfällig wird, was beide Sätze inhaltlich aussagen, nämlich die Behauptung identischer Vorgänge: Untergang der Senatoren bedeutet auch Untergang Roms.

nostro omnium ... huius urbis ... orbis terrarum: KLIMAX mit einer neuen HYPERBEL im letzten Glied. Zur Klangähnlichkeit *urbis ... orbis ...* vgl. die Formel für den Segenswunsch des Papstes *urbi et orbi.*

quos ... eos ...: Durch die Voranstellung des Relativsatzes wird ein inhaltlicher Gegensatz (ANTITHESE) zwischen Neben- und Hauptsatz markiert. Vgl. Nägelsbach, Stilistik § 156: „Es ist fast ein Grundgesetz der lateinischen Periodenbildung, dass jene Voranstellung eintritt, wenn der Inhalt des Relativsatzes mit dem des Hauptsatzes im Gegensatz steht."

Fuisti igitur ...: Schlussfolgerung, die über den „Exkurs" hinweg an das Ende von § 8 anschließt *(dico te ... una fuerunt).* Catilina hat bis jetzt keine Gegenrede erhoben, also *(igitur)* kann Cicero seine Aussage als erwiesen ansehen und die Einzelheiten genauer darlegen. Er braucht aufgrund der impliziten Zustimmung Catilinas keine Zeugen aufzurufen und auch seine Gewährsleute (Fulvia und Curius - vgl. Kommentar zu § 6 und Einleitung 1.4) nicht zu nennen.

distribuisti ... statuisti ... delegisti ... discripsisti ... confirmasti ...: Aufzählendes ASYNDETON, unterstützt durch mehrfaches HOMOIOTELEUTON und inhaltliche KLIMAX.

confirmasti te ... esse exiturum ...: Hier taucht zum ersten Mal das Wort *exire* auf und damit das für die Intention der Rede entscheidend wichtige Weggeh-Motiv: Cicero enthüllt, dass Catilina selber die Absicht geäußert hatte, Rom zu verlassen; jedoch müsse vorher Cicero beseitigt sein (vgl. § 27 Ende). Darauf kommt Cicero noch mehrfach zu sprechen (vgl. z. B. § 10 Mitte). Durch die Enthüllung soll sich Catilina überrumpelt fühlen.

Reperti sunt ...: Dem ASYNDETON entspricht hier inhaltlich eine Folgerung.

duo equites Romani: Es handelt sich um C. Cornelius und L. Vargunteius (vgl. Sallust, Cat. coni. 17,3 f. und 28,1).

illa ipsa nocte: D.h. wohl am Ende der Nacht, in der sich die Verschworenen bei Laeca versammelt hatten. Diese Stelle spricht dafür, dass die Zusammenkunft bei Laeca und der Mordanschlag in die gleiche Nacht fielen. Wenn das die vorletzte Nacht (vgl. § 8) war, lag noch ein Tag zwischen dem Mordanschlag und der Senatssitzung (aber vgl. § 10; dazu Primmer, Gymnasium 84 [1977] 21-26).

10 **vixdum etiam**: *vix* wird hier sowohl durch *dum* als auch durch *etiam* verstärkt: Cicero war nach erstaunlich kurzer Zeit informiert.
comperi ... (munivi atque) firmavi; exclusi: Das ASYNDETON mit KLIMAX kennzeichnet hier die Abfolge der sich steigernden Ereignisse Schlag auf Schlag, sowie die schnelle Reaktion Ciceros. Erfahren hat Cicero die Vorgänge durch Fulvia (vgl. § 6 und § 9 mit Komm.; Sallust, Cat. coni. 28,2).
ad me salutatum mane miseras: Die *salutatio matutina* (Morgengruß) war in Rom üblich: Ursprünglich war sie Pflicht der Klienten gegenüber dem *patronus*. Gegen Ende der Republik (1. Jahrhundert v. Chr.) fand man sich auch bei Freunden und politisch Einflussreichen ein. Schließlich war aus der Zahl der Morgenbesucher das Ansehen einer Persönlichkeit abzulesen.
quos ego ... viris ... venturos esse praedixeram: Diese Äußerung scheint die Behauptung zu stützen, zwischen der Laeca-Nacht und dem Mordanschlag auf Cicero müsse ein ganzer Tag gelegen haben, da Cicero die *multi ac summi viri* nicht gut während des Restes der Nacht informiert haben könne. Aber sichere Schlüsse lassen sich nicht ziehen (vgl. *illa ipsa nocte* § 9).
Quae cum ita sint ... purga urbem: Cicero fordert Catilina auf, Rom zu verlassen und variiert diesen Gedanken mehrfach. Das Motiv des Weggehens, das in § 9 als Absicht Catilinas genannt war, wird hier als Aufforderung Ciceros aufgenommen. Man darf es freilich nicht mit Primmer, Gymnasium 84 (1977) 32 „Exilmotiv" nennen, da Rom zu verlassen noch längst nicht bedeutet, ins Exil zu gehen (vgl. § 13 und §§ 20-23 mit Kommentar; vgl. auch In Cat. II 12-16). Im Ablauf der Rede bildet die Stelle einen Höhepunkt: Sie zieht die Folgerung *(quae cum ita sint)* aus einem lange vorbereiteten Argumentationszusammenhang: Catilinas staatsgefährdendes Tun, das Zögern des Senats gegenüber scharfen Maßnahmen (vgl. Pro Murena 51) und Catilinas eigene Weggeh-Absicht legen es Cicero nahe, Catilina fortzuschicken - freilich ohne dass dessen Bedingung erfüllt wäre, Cicero müsse erst tot sein (vgl. Stroh, Absicht und Ablauf 12).
perge, quo coepisti: *perge ~ profiscere.* Es handelt sich nicht um eine Aufforderung, so weiterzumachen wie bisher, sondern um eine Aufnahme von *te... exiturum dixisti* (§ 9) in ironischer Wendung, da die von Catilina genannte Bedingung, der Tod Ciceros, nicht eingetreten ist.

Egredere: Erste ausdrückliche Aufforderung an Catilina, aus Rom zu verschwinden.
Patent portae: proficiscere: Gegenüber dem vorangehenden Satz abnehmende Glieder, durch ALLITERATION verbunden, mündend in der pointiert an den Schluss gesetzten, erneuten Aufforderung, Rom zu verlassen.
Nimium diu ... desiderant: Ciceros Aufforderung zu erfüllen, wird nun als Wunsch der Gegenpartei hingestellt: Das Heer des Manlius (vgl. § 5 Anf. und § 7 Anf.) brauche dringend seinen Befehlshaber. *imperatorem* nimmt *castrorum imperatorem ducemque hostium* aus § 5 auf, wobei *imperatorem* mit ironischem Unterton gesagt wird: Ein wirklicher *imperator* nimmt eine offizielle Amtsvollmacht (*imperium*) des Senats wahr. Die Grundlage für seine Behauptung fand Cicero in der Mitteilung des Senators L. Senius an den Senat aufgrund eines Briefs aus Faesulae (Sallust, Cat. coni. 30,1).
te ... tua ... tecum ... tuos: Häufung mehrerer Wörter vom gleichen Stamm (sog. POLYPTOTON) und ALLITERATION machen deutlich, dass Cicero mit allem aufräumen will, was zu Catilina gehört.
Educ: Fortsetzung des ironischen Sprechens: *educere* wird üblicherweise vom *imperator* gesagt, der seine Truppen in den Krieg führt.
Purga urbem: Bild aus dem Bereich der Medizin; das Purgieren soll den Körper von schädlichen Stoffen reinigen. Der Ausdruck steht wiederum am Ende einer Dreierkette (TRIKOLON) abnehmender Glieder und wirkt so pointiert und schroff (zur Funktion abnehmender Glieder vgl. M. von Albrecht, Meister römischer Prosa, Heidelberg 1971, 19).
Magno me metu liberaveris: Cicero liefert nun für die Weggeh-Aufforderung eine weitere, scheinbar ganz subjektive Begründung: die Furcht vor der eigenen Bedrohung. Diese erweist sich jedoch als Bedrohung der *res publica,* wie der nächste Satz sowie § 11 Ende und § 12 Ende zeigen.
Die in *magno me metu* vorliegende ALLITERATION setzt sich in *modo ... me ... murus ...* fort. (Zur Identifikation von Cicero und *res publica* vgl. auch § 1, § 3, § 11, § 18 und öfter.)
Nobiscum versari ... Non potes: Hier ist sinngemäß eine weitere Aufforderung zum Gehen eingeschlossen.
non feram, non patiar, non sinam: TRIKOLON mit ANAPHER und KLIMAX: *ferre* = (passiv) ertragen, *pati* = (hinnehmend) dulden, *sinere* = (aktiv) zulassen. Insgesamt liegt als Abschluss des Vorangehenden eine definitive Lossagung und Distanzierung von Catilina vor.

11 **Magna dis immortalibus habenda est ... gratia**: Durch das HYPERBATON kommen die wichtigen Wörter an Tonstellen zu stehen. Cicero dankt den Göttern für persönlichen Schutz, der zugleich den Staat aus Gefahr befreit hat (wiederum Identifikation wie öfters in der Rede; vgl. Pro Murena 82).
huic ipsi Iovi Statori: Wenn Cicero dem Iuppiter Stator besonders dankt, so legen dies zwei Gründe nahe: 1. In seinem Tempel fand die gegenwärtige Senatssitzung statt; 2. Jupiter soll im Krieg gegen die Sabiner ein römisches Heer, das vor den Feinden fliehen wollte, auf Anruf des Romulus zum Stehen gebracht (daher der Beiname *Stator)* und zu erneuter Wendung gegen den Feind ermuntert haben. In gleicher Weise soll nun nach dem Anruf Ciceros der Senat dazu gebracht werden, nicht weiter auszuweichen, sondern zur Offensive gegen Catilina überzugehen.
tam taetram, tam horribilem tamque infestam rei publicae pestem: Die METAPHER *pestem*, begleitet von dem dreifachen charakterisierenden Attribut, das durch ANAPHER, WACHSENDE GLIEDER und KLIMAX stilisiert ist, bedeutet eine starke Abwertung des Gegners.
in uno homine: Das bezog Jäger mit Halm auf Cicero, in dem auch der Staat gefährdet ist. Gemeint ist aber (vgl. Richter-Eberhard, Voit, Fuhrmann) Catilinas (~ *pestis*), der bisher nur Cicero bedrohte, jetzt aber den Gesamtstaat (§ 12 *nunc ...* erläutert dann *summa salus rei p.*).
Quamdiu ... defendi: (1) Cicero wehrte sich angeblich (weitere Quellen fehlen) als *consul designatus* selbst gegen Angriffe Catilinas unter hohem persönlichem Risiko. ALLITERATION und ANTITHESE kennzeichnen den Ausdruck *publico praesidio - privata diligentia.*
proximis comitiis consularibus: (2) Auch als Konsul hat Cicero Angriffe Catilinas noch auf privater Ebene vereitelt. Zahlreiche ALLITERATIONEN machen die Rede eindringlich, können womöglich aber auch auf das immer gleiche Tun Catilinas und auf die stete Gegenwehr Ciceros hinweisen. - Es handelt sich um die Konsulwahlen im September 63 für das Jahr 62, wo Catilina gegen Murena und Silanus unterlag (vgl. Einleitung 1.2).
competitores tuos: Nämlich Decimus Iunius Silanus, Lucius Licinius Murena und Servius Sulpicius Rufus.
Denique: Leitet die Zusammenfassung ein („kurz“); *quotienscumque* ist HYPERBEL.
quamquam videbam: Satz mit Scharnierfunktion: Schon in den persönlichen Gefährdungen Ciceros war auch das Gemeinwesen mit bedroht. Ciceros Taktik der Identifizierung Ich - Staat setzt sich fort.

12 **Nunc iam aperte ...**: (3) Mittlerweile ist die *res publica* unmittelbar und offen von Catilina bedroht. Brandstiftung und Zerstörung stehen auf seinem Programm.
templa ..., tecta ..., vitam ..., Italiam ...: KLIMAX: Diese vier durch Catilina gefährdeten Objekte, die sich in zwei Zweiergruppen gliedern lassen, machen in differenzierter Form die Gefährdung der *res publica* sichtbar. Implizit wird durch die Behauptung von der Gemeinsamkeit der Gefährdung den Zuhörern auch nahe gelegt, dass Solidarität zwischen allen Gefährdeten und Cicero gegenüber Cafilina geboten ist.
tecta: Für Häuser: PARS PRO TOTO bzw. SYNEKDOCHE.
Qua re, quoniam ... facere nondum audeo: Wie schon in § 5/6, begründet Cicero erneut, warum er noch nicht (*nondum*: vgl. Kommentar zu § 5) schärfer gegen Catilina vorgeht (Verhaftung, Tötung), wie es seinem Auftrag und dem *mos maiorum* entspräche. In § 5/6 war der Orientierungspunkt die Rechtsvorstellung der Senatoren, hier ist es das Gemeinwohl.
Zu Konstruktion und Stil: Auf den relativen Satzanschluss folgt ein Kausalsatz (mit eingelagertem zweiteiligem Relativsatz mit p-Alliteration); im Hauptsatz wird das Objekt ebenfalls durch einen angehängten zweiteiligen Rel.-Satz erläutert (mit Parallelismus, s-Alliteration und Homoioteleuton).
exieris, exhaurietur: Das Weggeh-Motiv hängt mit dem Thema der Staatserhaltung zusammen: Wenn Catilina geht, ist das öffentliche Wohl weniger gefährdet.
sentina rei publicae: METAPHER aus dem Bereich der Seefahrt: Wie das Kielwasser vom Schiffsboden ausgeschöpft werden muss, so muss auch Catilina mit seinem Anhang aus Rom hinausgebracht werden

13 Zu § 13-19 vgl. Römisch 58-60.
id me imperante facere, quod iam tua sponte faciebas?: Durch den PARALLELISMUS kommt der inhaltliche Unterschied deutlich heraus: Nur scheinbar sind Ciceros Aufforderung und Catilinas Absicht identisch. Catilina hatte den Tod Ciceros vorausgesetzt (vgl. § 9 / 10 mit Kommentar).
Exire ex urbe: Wieder ist das Weggeh-Motiv bestimmend - in neuer Variation.
Interrogas me: num in exsilium?: Catilina konnte Zwischenfragen stellen bzw. auf Ciceros Fragen und Aufforderungen antworten. Hier tat er dies in Form einer Gegenfrage: Ob Cicero ihm befehle ins Exil zu gehen. Exil war im Allgemeinen eine Möglichkeit für Verbrecher bzw. Verurteilte, sich dem Strafvollzug zu entziehen. Es bedeutete, dass man das Staatsgebiet verließ

und seine Bürgerrechte verlor (vgl. Mommsen, Röm. Staatsrecht II 139 und E. L. Grasmück, Exilium, Paderborn 1978, 95-98). Ein solcher „Befehl“ als offizielle Anordnung des Konsuls wäre ohne Beispiel gewesen und Cicero mit Sicherheit als Machtmissbrauch (vgl. *crudelius* § 5) ausgelegt worden. Da Catilina dies weiß, ist seine Frage eine Falle für Cicero. Entsprechend reagiert dieser: Zum *exire* (d. h. zum Verlassen der Stadt) kann Cicero Catilina auffordern, zum *exsilium* nicht (vgl. §§ 20-23; dazu Stroh, Absicht und Ablauf 12 f.).

si me consulis, suadeo: *consulis* ist - neben *consul* - Wortspiel. Warum der Rat für Catilina sinnvoll wäre, wird in § 23 näher begründet.

Quid est enim ...: Dieser Satz bietet Gründe (Furcht und Hass, d. h. moralische Isolierung) nicht primär für den Rat, ins Exil zu gehen, sondern vor allem für die Aufforderung, jedenfalls die Stadt zu verlassen.

nemo est ..., qui te non metuat...: Damit soll Catilinas totale Isolierung behauptet werden. Nach Primmer (Gymnasium 84 [1977], 28) ist mit § 13 a der Hauptteil 1 der Rede abgeschlossen: Catilina soll sich zur Abreise entschließen, denn (I) soll ihm klar werden, dass er in Rom keine Handlungsfreiheit mehr hat (faktische Isolierung - § 6b -13a); (II) soll er einsehen, dass er menschlich und moralisch isoliert ist. - Aber der Ablauf der Rede ist mit einer solch eindeutigen Gliederungsform nicht ganz zu erfassen (vgl. Stroh, Absicht und Ablauf 10 -13).

Quae nota domesticae turpitudinis: Zu den in der römischen Rhetorik wichtigen nicht-sachlichen, persönlichen Gründen gehört auch das Vorleben *(vita ante acta).* Die vorangehenden und die folgenden Fragen haben durch ihre Häufung das Ziel, Catilina erneut einzuschüchtern (vgl. § 1 mit Komm.).

Quae nota... Quod ... dedecus ..., Quae libido ...: Im Großen ein TRIKOLON, dessen drittes Glied als Schwerpunkt nochmals dreifach untergegliedert ist: *quae libido ..., quod facinus ..., quod flagitium.* Dabei liegt eine KLIMAX *oculis* (Sehen) - *manibus* (Tun) - *toto corpore* (Gesamtverhalten) vor.

corruptelarum inlecebris inretire: Um Catilina möglichst negativ darzustellen, schildert Cicero seinen verderblichen Einfluss auf die Jugend. Um Catilina völlig zu desavouieren, setzt Cicero auch die Mittel der SYNONYMENHÄUFUNG und der Abwertung des Gegners ein.

... aut ad audaciam ferrum aut ad libidinem facem praetulisti: HYPERBEL, um Catilinas moralische Verkommenheit anschaulich auszumalen; außerdem PARALLELIMUS und ALLITERATION.

14 **morte superioris uxoris**: Catilinas erste Frau war gestorben (vgl. Sallust, Cat. coni. 15). Ob Catilina dabei aktiv nachgeholfen hatte, war und ist nicht sicher festzustellen (vgl. Einleitung 1.2). Cicero legt es nahe: *morte* kann als Abl. instrumenti aufgefasst werden, *vacuefacere* klingt nach aktivem Tun, *scelus* im nächsten Satz unterstellt schon beim Tod der Frau ein Verbrechen.
alio incredibili scelere: Gemeint ist der Tod (die Ermordung?) von Catilinas Sohn aus erster Ehe (vgl. Einleitung 1.2 und Sallust, Cat. coni 15).
Quod ego praetermitto: Cicero erwähnt zwar den Tod von Frau und Sohn, geht aber nicht näher darauf ein (PRAETERITIO) - was gleich anschließend durch *facile patior sileri* bekräftigt wird. Aber schon durch die Nennung der Vorgänge und durch die Wortwahl legt er dem Leser ein negatives Urteil darüber nahe. Der angegebene Grund für das nur kurze Eingehen auf den Fall *(ne ... videatur)* ist wohl nicht der eigentliche: Cicero konnte gar keine genaueren Fakten über die erwähnten Vorgänge angeben.
tanti facinoris immanitas : ~ *tam immane facinus.*
Praetermitto ruinas fortunarum: ANAPHER bei *praetermitto.* Auch hier ist die PRAETERITIO geeignet, die notorische Verschuldung Catilinas nachdrücklich hervorzuheben, ohne genauere Fakten bieten zu müssen.
proximis Idibus: Die Monatsmitte war der allgemeine Zins- und Rückzahlungstermin für Schulden.
quae non ad..., non ad..., sed ad..., atque ad ...: Ausgewogene Gliederung mit ANTITHESE, deren Hauptglieder je zweifach untergegliedert sind. REDUNDANZ durch mehrfache Formulierung des gleichen Inhalts.

15 **Potestne tibi haec lux** ...: *potestne ... spiritus esse iucundus* (HS), *cum scias esse ... neminem* (GS 1 mit AcI), *qui nesciat te* ... (1) *stetisse in comitio ...,* (2) *manum consulum ... interficiendorum causā paravisse,* (3) *sceleri ...* (a) *non mentem...,* (b) *sed Fortunam ... obstitisse* (GS 2 mit dreifachem AcI).
cum scias ...: „wo du doch weißt"; die Sinnrichtung schillert zwischen kausalem und konzessivem Verhältnis.
pridie Kalendas Ianuarias Lepido et Tullo consulibus: M.' Aemilius Lepidus und L. Volcacius Tullus hielten an diesem Tag ihre letzte Volksversammlung *(contio)* ab.
comitium: Platz vor der Kurie, durch die *rostra* vom *forum* getrennt.
consulum et principum civitatis: *principes civitatis* waren die designierten und die ehemaligen Konsuln und Prätoren, also die Wortführer im Senat entsprechend der Reihenfolge beim Aufrufen (vgl. Einleitung 1.1 und § 7).

Fortunam populi Romani: *Fortuna* ist hier als (schützende) Glücksgöttin verstanden. Damit werden einander wieder in Schwarz-Weiß-Malerei Catilinas Verbrechen auf der einen, der unzerstörbare römische Staat auf der anderen Seite gegenübergestellt. Die *consules* und die *principes civitatis* repräsentieren die *res publica Romana.*
omitto: PRAETERITIO, vgl. § 14. Sie wird hier deshalb verwendet, weil es sich um allgemein bekannte Tatsachen handelt.
quotiens..., quotiens ...: ANAPHER und HYPERBEL: Als designierter Konsul wie als Konsul war Cicero je einmal von Catilina bedroht worden.
Nihil agis, nihil adsequeris neque tamen conari ac velle desistis: Durch ANAPHER und SYNONYMENHÄUFUNG soll die Aussichtslosigkeit der Versuche Catilinas hervorgehoben werden.

16 **Quotiens..., Quotiens...**: Wiederum HYPERBEL und ANAPHER.
extorta est ista sica: METAPHER für alle Mordversuche, ohne dass jedes Mal wirklich ein Dolch im Spiel gewesen sein müsste.
vita: Während zuvor von der Lebensführung die Rede gewesen ist, geht es jetzt um die Lebensumstände.
non ut ..., sed ut ...: Parallelismus im Satzbau, um die Gegensätze *odium - misericordia* und *debeo - nulla debetur* deutlich hervortreten zu lassen.
Quis te ... salutavit: Catilina war mit Schweigen und ohne Begrüßung empfangen worden, wohl allein schon deshalb, weil die Sitzung bereits im Gang war. Der Redner legt auch hier wieder das Schweigen zu seinen Gunsten und als Stellungnahme gegen Catilina aus (vgl. § 8 und § 20-21).
exspectas contumeliam, cum sis gravissimo iudicio taciturnitatis oppressus?: INTERROGATIO und CHIASMUS unterstreichen das Paradox einer Verurteilung durch Schweigen.
subsellia vacuefacta sunt ... partem istam subselliorum nudam atque inanem reliquerunt: REDUNDANZ durch zweimalige Formulierung desselben Sachverhalts, der freilich eine deutliche Distanzierung der ranghöchsten Senatoren gegenüber Catilina zeigt.
quo tandem animo tibi ferendum putas?: Diese INTERROGATIO impliziert die Aussage: Isoliert bist du - also zieh die Konsequenzen!

17 **Servi mehercule mei si me ... metuerent ...**: Der ganze Paragraph ist beherrscht von einem VERGLEICH, in dem Catilinas fehlender Sinn für das angemessene Verhalten (in den drei mit *tu* eingeleiteten Sätzen) dem

Bewusstsein für richtiges Verhalten (in den drei mit *si* eingeleiteten irrealen Perioden) gegenübergestellt wird. Das richtige Verhalten bewegt sich im Wortfeld „Trennung“ *(relinquere, carere, vitare, con-cedere).* Zunächst ist das Verhältnis Hausherr - Sklave in einem untergeordneten Vergleich mit dem Verhältnis Bürger - Bürger verglichen: Wenn auch nur die Untergebenen (denen Furcht vielleicht noch am ehesten ansteht), vor ihm große Angst hätten (irreal!), würde Cicero sein Haus verlassen - behauptet er. Erst recht müsste Catilina die Stadt verlassen, wo ihn die Mitbürger fürchten (real!). Der CHIASMUS *servi... metuerent, metuunt... cives* unterstreicht den Gegensatz. Der Hauptvergleich besteht in der Feststellung der durch ASYNDETON markierten ANTITHESE der weithin parallel gebauten Sätze.

(ego)	*domum meam*	*relinquendam*	*putarem;*
tu tibi	*urbem*	*(relinquendam)*	*non arbitraris?*

Et si me meis civibus ... suspectum ... viderem: Im zweiten Vergleich werden Ciceros und Catilinas Verhältnis zu ihren Mitbürgern einander gegenübergestellt: Schon bei einem Verdacht rechtswidrigen Verhaltens würde Cicero sich ihren Blicken entziehen, während Catilina trotz seiner unzweifelhaften Rechtsverletzungen diese Konsequenz nicht zieht, was als PARADOX erscheint. Wieder ist der scharfe Gegensatz durch ASYNDETON markiert, während in den einander entsprechenden Sätzen der CHIASMUS der sinntragenden Verben auffällt:

ego ... carere ... aspectu ... mallem,

tu ... dubitas ... aspectum ... vitare?

dubitas, quorum mentis... volneras, eorum aspectum ... vitare?: Bei PARALLELISMUS im Satzbau ANTITHESE der Aussage, markiert durch *quorum* (vorausgestellt - vgl. § 9) - *eorum* und unterstützt durch v-ALLITERATION und SYNONYMENHÄUFUNG bei den Binnengliedern. Auch in diesem Abschnitt herrschen Vergleich und Gegensatz bis ins Einzelne: 1. *tam graviter* (sc. *quam te); 2. si me ... suspectum ... viderem, ... tu cum agnoscas odium iustum ...;* 3. *(ego) carere ... quam ... conspici mallem;* 4. *tu ... dubitas, quorum mentis ... volneras, eorum ... aspectum vitare?*
Si te parentes timerent...: Nach zwei VERGLEICHEN zwischen Cicero *(ego)* und Catilina (*tu*) werden im dritten zwei Verhaltensweisen Catilinas miteinander verglichen: Wenn die Eltern Catilina fürchteten, würde er sich gewiss von ihnen trennen (irreal); der *patria* gegenüber (Steigerung!) sollte er dies um so mehr tun - tut es aber nicht (real). Auch hier ein Vergleich bzw.

Gegensatz zwischen hypothetischem richtigem und tatsächlichem falschem Verhalten. ASYNDETON, WACHSENDE GLIEDER, PARALLELISMUS im Großen und CHIASMUS im Kleinen kennzeichnen den Abschnitt.

Si te parentes, timerent atque odissent...;
Nunc te patria, quae communis est parens..., odit ac metuit... .

ab eorum oculis aliquo concederes;
huius tu ... neque auctoritatem verebere
nec iudicium sequere
nec vim pertimesces?

Die gesamte Textpartie ist geprägt durch den VERGLEICH (vgl. § 3 mit Kommentar): „Wenn schon im Fall a, um wie viel mehr dann im Fall b“ (vgl. Quintilian, institutio oratoria VIII 4, 9f.), gefolgt von einem Paradox (*non ...*): Entgegen allen echten Gründen geht Catilina nicht. Als intendierte Funktion des Abschnitts (§ 17) ergibt sich also eine erneute (diesmal indirekte Aufforderung an Catilina, die Stadt zu verlassen (vgl. §§ 10, 13, 18, 20, 23).

18 **Quae tecum ... sic agit**: Das Auftreten der personifizierten Patria ist durch den dritten Vergleich in § 17 vorbereitet. Auch das Fortgeh-Motiv bleibt weiterhin wichtig. Die Rede der Patria zeigt in Inhalt und Formulierung viele Bezüge zu der bisherigen Rede Ciceros, Bezüge, durch die die Identifikation des Konsuls mit *patria* und *res publica* beansprucht wird (vgl. § 11 und § 15): Verbindung zu *facinus* und *flagitium* ↗§ 13; *multorum civium neces* ↗§§ 12 (*vitam omnium civium*) und 15 (*principum civitatis interficiendorum causa*); *Superiora illa* (d.h. die früheren Bedrohungen für die Patria) ↗§ 11; *me totam esse in metu propter te unum* ↗§ 13 (*nemo est ..., qui te non metuat*) und 17 (*te metuunt omnes cives tui*); *non est ferendum* ↗§ 16 Ende (*ferendum*); *discede* ↗§§ 10 (*egredere*). 12 (*exire*); *timorem eripe, ... ut tandem ... timere desinam* ↗§ 10 Ende (*Magno me metu liberaveris*).
Eine PERSONIFIKATION wie die der Patria ist nach der rhetorischen Theorie nur in hohem Stil *(genus grande)* üblich (vgl. Cicero, Orator 85; Quintilian, institutio oratoria IX 2, 29-32). Das Auftreten der Patria ist vorgeprägt durch das Auftreten der Gesetze in Platons Dialog 'Kriton', bei Cicero selber durch das Auftreten Siziliens in der ersten Rede aus dem Verres-Prozess (*Divinatio in Caecilium* 19). Das Motiv hat ein reiches Nachleben, u. a. in Lucans Epos *De bello civili,* in der dritten Relatio des Symmachus und in Prudentius' Werk *Contra Symmachum.*

quodam modo tacita loquitur: Insofern hier zwei eigentlich sich widersprechende Ausdrücke verbunden werden, handelt es sich um ein OXYMORON, das aber durch *quodam modo* gemildert wird.
Nullum ... nullum ..., tibi ... tibi...: Zweimalige ANAPHER im Rahmen einer Aussage, durch die Catilinas allgegenwärtiges Verbrechertum nachdrücklich und übertreibend (HYPERBEL) durch die Patria vor Augen gestellt wird. Durch das ASYNDETON wirken Catilinas Verbrechen gerafft und überwältigend.
vexatio direptioque sociorum (ein Begriff, daher *fuit*): Gemeint ist das erpresserische Verhalten Catilinas als Proprätor in der Provinz Africa i.J. 67.
ad neglegendas leges et quaestiones ...: Gemeint sind alle früheren fragwürdigen Taten Catilinas sowie seine bisher bewiesene Fähigkeit, in Prozessen ungeschoren davonzukommen.
nunc vero ... non est ferendum: Subjekte sind die drei AcI-Konstruktionen.
me totam esse in metu: Das Motiv der allgemeinen Furcht vor Catilina beherrscht den zweiten Teil der Patria-Rede. Es knüpft mittelbar an frühere Äußerungen, unmittelbar an § 17 an.
discede: Erneute (vierte) Aufforderung zum Gehen (vgl. §§ 10, 12, 13, 17), hier unmittelbar aus der Unerträglichkeit der Situation abgeleitet und der Patria in den Mund gelegt. Zu § 18 vgl. M. Arth, IAU 4 (1980) 1-12.

19 **Haec si tecum ... patria loquatur**: Das *agit et quodam modo tacita loquitur* aus dem Anfang von § 18 wird hier im Potentialis aufgenommen.
Quid, quod tu te in custodiam dedisti ... ?: Die Form der INTERROGATIO weist auf die unzweifelhafte Antwort hin. - Nach der Erhebung des Manlius am 27. Oktober hatte L. Aemilius Paulus den Catilina *de vi* (wegen Gewaltanwendung) angeklagt. Zum Nachweis seiner Unschuld hatte Catilina angeboten, sich in freiwillige Haft *(libera custodia)* zu begeben. Drei Personen hatten jedoch eine Aufnahme Catilinas abgelehnt, auch Cicero. Schließlich kam Catilina bei einem Gesinnungsgenossen unter, dessen Geringschätzung Cicero deutlich ausspricht (vgl. Gelzer, Einleitung 18).
Manius (*Aemilius*) Lepidus: Konsul 66 (vgl. § 15). Ihm hatte sich Catilina zuerst zu freier Haft angeboten.
Quintus (*Caecilius*) Metellus (*Celer*): Prätor 63; später (60) Konsul.
M. (*Caecilius*) Metellus: Ein sonst kaum bekannter Mann, der 69 Prätor war. Seine positive Charakterisierung wird durch *videlicet* als IRONIE erwiesen; für Quintilian 9, 2, 45 ist bereits *virum optimum* ironisch.

a carcere atque a vinculis (publicis): Dadurch, dass Cicero mit rhetorischer Taktik von *custodia* statt von *libera custodia* spricht (Manipulation), kann er behaupten, Catilina habe selber erklärt, er sei der Festnahme und der Gefangenschaft würdig. So gesehen, würde es sich für Catilina nahe legen, aus Rom zu verschwinden (vgl. § 13 und Kommentar). So bietet sich hier für Cicero die Gelegenheit, das Thema Exil erneut - und nun in neuer Wendung - aufzugreifen.

si emori ... non potes: Rückgriff auf die §§ 2-6 und 12, wo Cicero den Catilina für der Todesstrafe würdig erklärt, den Vollzug einer solchen Strafe jedoch vorläufig abgelehnt hatte.
vitam istam multis suppliciis iustis debitisque ereptam: HOMOIOTELEUTON. Zum Inhalt vgl. § 4 und § 12 mit Kommentar.
„Refer", inquis, „ad senatum": Cicero zitiert hier eine Äußerung Catilinas, die tatsächlich hier oder kurz zuvor gefallen ist (vgl. *id enim postulas).* Sie steht durch den erneuten Verweis auf *exsilium* in Zusammenhang mit Catilinas früherer Frage, ob Cicero ihn als Konsul offiziell ins Exil schicken wolle (vgl. § 13 mit Kommentar), und zeigt Catilinas konsequente Taktik, Cicero zu einer ungesetzlichen Maßnahme zu drängen (vgl. Stroh, Absicht und Ablauf 13 f.). Allerdings war Cicero durch das *senatus consultum ultimum* mit unbeschränkten Vollmachten ausgestattet. Doch war diese Notstandsregelung von den popularen Politikern nie als gültig akzeptiert worden; und Cicero seinerseits wollte nichts unternehmen, wofür er den Senat nicht einhellig hinter sich wusste oder wo er sich des rechtlichen Charakters nicht absolut sicher war (vgl. § 5 und II 16 sowie Gelzer, Einleitung 20).
placere sibi decreverit te ire in exsilium: Der scheinbare Pleonasmus in dieser Wendung, in der das Beschließen doppelt ausgedrückt ist *(placere, decernere),* erklärt sich wohl daraus, dass *placet* übliche Formulierung in Senatsbeschlüssen ist und hier zitiert wird. Dass es der Senat nicht wagen würde, ihn ins Exil zu schicken, kalkuliert Catilina fest ein. Daher kann er auch ohne weiteres Gehorsam für den Fall eines solchen Beschlusses versprechen. Nur ein Richterspruch könnte ein Exil erzwingen.
Non referam: Cicero lehnt Catilinas Ansinnen ab, da ihm klar ist, dass er mit einer solchen Anfrage etwas Unerhörtes täte - daher auch seine moralische Empörung *(id quod abhorret a meis moribus).* Zugleich aber weist er Catilinas Vorschlag als überflüssig zurück, da die Meinung des Senats auch ohne offizielle Anfrage deutlich werden wird.

tamen faciam, ut intellegas, quid hi de te sentiant: Cicero kontert taktisch sehr geschickt, indem er ein Experiment macht: Catilina soll keine offizielle Stellungnahme des Senats (*auctoritas, sententia*) zu hören bekommen, aber doch die persönliche Meinung der Senatoren *(quid hi de te sentiant* - Anklang an *sententia!).*

Egredere ex urbe ... Libera rem publicam metu: Cicero wiederholt zunächst einmal mehr die Weggeh-Aufforderung, verbunden mit dem Motiv der Furcht (vgl. §§ 10, 13, 17, 18).

In exsilium, si hanc vocem exspectas, proficiscere: Während es Catilina darum geht, Cicero durch die Frage nach einem offiziellen Exil-Beschluss in Verlegenheit zu bringen, zeigt Cicero nun, dass er sogar, wenn er persönlich zu Catilina spricht, das Wort *exsilium* benutzen kann, ohne dass jemand dagegen protestiert. Er kann also vor dem Senat ganz unangefochten seinen - persönlichen - Rat (vgl. § 13 und Kommentar) wiederholen und die Verantwortung dafür übernehmen. Das Experiment ist also gelungen: Alle schweigen, und wieder (vgl. § 8 und Kommentar sowie § 16) weiß sich Cicero dieses Schweigen zunutze zu machen, ja er hat sogar, wenn der Wortlaut hier original ist (was gelegentlich bezweifelt worden ist; vgl. Diodor XL 5a = Begleittext Nr. 2, und dazu J. von Ungern-Sternberg, Gymnasium 78 [1971] 47 ff.), das Schweigen von vornherein sorgfältig mit einkalkuliert. Niemand hat etwas dagegen - so folgert er -, wenn er Catilina aus der Stadt schickt, und wäre es ins Exil. Eine förmliche Befragung und Abstimmung erübrigt sich also.

21 **si hoc ... P. Sestio, si ... M. Marcello dixissem:** P. Sestius, ein Freund Ciceros, war damals Quästor. Später (57) betrieb er als Volkstribun die Rückberufung Ciceros aus der Verbannung. Cicero verteidigte ihn 56 in einem Strafprozess *de vi* erfolgreich. M. Claudius Marcellus war 65 Quästor; er ist wohl der Konsul von 51, der als Gegner Cäsars auftritt. Für ihn hält Cicero vor Cäsar eine Dankrede (46), nachdem dieser den Marcellus begnadigt hat. Am Beispiel seiner beiden geachteten Gesinnungsgenossen zeigt der Konsul, dass man das Exil nicht jedem Senator ungestraft nahe legen konnte.

(Die Namen Sestius und Marcellus wurden evtl. erst im Jahr 60 bei der Herausgabe der Rede eingefügt: Nach Diodor XL 5a hatte Cicero ursprünglich Quintus Catulus genannt. Grund der Änderung könnte sein, dass Catulus inzwischen gestorben war, während Sestius und Marcellus sich als Politiker in Ciceros Sinn bewährt hatten.)

De te autem ... cum quiescunt, probant, cum patiuntur, decernunt, cum tacent, clamant: Der PARALLELISMUS der drei OXYMORA soll allen Zuhörern die extreme Sonderrolle Catilinas einhämmern und das Schweigen des Senats als deutliches Einverständnis mit Cicero interpretieren.
hi..., ... illi equites Romani ... ceterique fortissimi cives ...: Die Senatoren im Tempel, die *equites* im Vorraum des Tempels sowie die übrigen Bürger vor dem Tempel *(illi)*.
quorum tibi auctoritas est videlicet cara, vita vilissima: Aufnahme zweier früherer Aussagen: Catilinas Wunsch war es gewesen, wegen des Exil-Rats die Meinung des Senats zu erfragen (§ 20); andererseits hatte er einen Optimatenmord geplant (§ 7). - IRONIE in *cara*, durch *videlicet* signalisiert.
quorum tu et frequentiam videre et studia perspicere et voces ... exaudire potuisti: TRIKOLON als POLYSYNDETON dreier parallel gebauter Verbindungen von Objekts-Akk. und Infinitiv, die inhaltlich eine detaillierende KLIMAX darstellen.
frequentiam: Cicero hatte den Tempel, in dem die Sitzung stattfand, durch starke Mannschaften sichern lassen (vgl. § 1).
paulo ante: Entweder zu dem Zeitpunkt, als Catilina in den Senat kam, oder bei Zwischenrufen, die man durch die offenen Türen hören konnte.
Quorum ego (ANAPHER und ANTITHESE zum Vorausgehenden) **... vix ... manus ... contineo, eosdem facile adducam, ut te ... ad portas prosequantur**: Der Relativsatz ist vorangestellt zum Ausdruck des Gegensatzes (vgl § 9) zwischen dem Wunsch der Bürger, Catilina an den Kragen zu gehen, solange er in der Stadt ist, ihm aber das Ehrengeleit (IRONIE) zu geben, sobald er die Stadt verlässt.

22 **quid loquor**: *loquor* wird - im Gegensatz zu *dico,* das ein Objekt fordert - meist absolut gebraucht. *quid* ist daher hier wohl als adverbieller Akkusativ aufzufassen: „Wozu rede ich?“. Das bestätigen die folgenden *ut*-Sätze. Cicero unterbricht sich selber, da seine Appelle an Catilina aussichtslos seien, weil es bei Catilina an jeder Einsicht und an jedem Besserungswillen fehle; auch dass Catilina ins Exil ginge, ist nicht zu erwarten.
te ut ..., tu ut ... te ..., tu ut ..., tu ut ...: Zunächst POLYPTOTON (Abwechslung im Kasus des gleichen Worts: *te ... tu*), dann ANAPHER: eine eindringliche Formulierung. Vom Inhalt her gliedern sich die Sätze in zwei Zweiergruppen: 1. Änderung des Verhaltens (allgemein); 2. Weggehen aus Rom (konkrete Möglichkeit sinnvollen Verhaltens).

duint: Der Wunsch wird hier durch eine alte Optativform ausgedrückt (vgl. zur Form *s-int, vel-int;* im Griechischen ist der Optativ als eigener Modus erhalten.), die zur Zeit Ciceros nur noch in der Sakralsprache vorkam. Gerade dadurch passt sie auch hier in den Kontext *(di immortales).*

Tametsi video ...: Zur Konstruktion: *si animum induxeris* ist nicht unmittelbar von *tametsi video* abhängig, sondern von *quanta tempestas impendeat; si animum induxeris* ist also Gliedsatz zweiten Grades. Die Umstandsangabe (Adverbiale) der Zeit ist durch *si minus..., at...* zweigeteilt.

quanta tempestas invidiae ... impendeat: Bei einer Exilierung Catilinas - vgl. § 13 mit Kommentar - hätte Cicero Kritik und Feindschaft *(invidia)* zu erwarten (vgl. II 12 ff.; Gelzer, Einleitung 20).

Sed est tanti, dummodo tua ista sit privata calamitas et a rei publicae periculis seiungatur: Cicero wäre bereit, die mit einem Exil Catilinas verbundene Kritik und Anfeindung zu ertragen, wenn so die Gefahren vom Staat abgewendet würden. - Richter-Eberhard lassen *tua* weg.

tua ista calamitas: Meint entweder das Catilina betreffende Unglück (sein Unglück und wohl das Ende seiner politischen Karriere: Sternkopf) oder Ciceros persönliches Unglück (durch dich/Catilina für mich verursacht als Folge der *invidia:* Nohl; Jäger [1993] erwog beide Möglichkeiten). Das Unglück einer Einzelperson ist eher bei der Person Ciceros gleichzeitig auch ein Unglück für den Staat. Die Lesart *mea* statt *tua* liegt nahe. Cicero dürfte auch kaum Catilinas Exil eine *calamitas* nennen; in Ciceros Augen ist ein Exil Catilinas eine Wohltat für den Staat.

Sed tu ut vitiis tuis commoveare...:Ein Handeln aus ethischer oder politischer Einsicht ist bei Catilina nicht zu erwarten. Durch die ANAPHER des *ut* und den PARALLELISMUS im TRIKOLON wird die inhaltliche Aussage formal unterstrichen. Der folgende Satz soll das bestätigen.

aut ... aut ... aut...: Die drei parallel gebauten Wortgruppen, die jeweils Subjekt und Adverbiale zu dem gemeinsamen Prädikat *revocarit* enthalten, sind durch POLYSYNDETON verbunden.

23 **ut saepe iam dixi, proficiscere**: Erneute Aufforderung zum Verlassen der Stadt. Diese Aufforderungen durchziehen thematisch wie ein roter Faden die ganze Rede (Vgl. §§ 10, 12,13,17,18, 20).

si ... conflare vis invidiam: Vgl. § 13 und § 22 mit Kommentar.

vix..., si .... vix.., si...: Die zwei Hauptsätze sind durch ANAPHER des *vix*, die zwei Nebensätze durch ANAPHER des *si* verbunden: PARALLELISMUS

mit einem (um *iussu consulis)* erweiterten zweiten Glied.
Sin ... servire meae laudi ... mavis: Cicero wird in seiner Beurteilung Catilinas als eines Staatsfeinds gerechtfertigt sein (und durchaus anerkannt werden), wenn Catilina tatsächlich nicht ins Exil, sondern zu Manlius geht und damit seine revolutionären Absichten offen dokumentiert. Zugleich werden damit klare Fronten geschaffen und die äußersten Gefahren von Rom abgewendet sein. - IRONIE, insofern Catilina sicher nicht Ciceros Ruhm dienen will.
egredere ... confer te ...: Häufung von sechs Imperativen in drei Zweiergruppen, wobei jeweils das zweite Glied das erste genauer erläutert.
impio latrocinio: Es handelt sich nicht so sehr um *bellum* als vielmehr um *latrocinium; impium* steht vor allem deshalb, weil es gegen die *patria* gerichtet ist und damit die gebührende *pietas* (Achtung) verletzt (vgl. § 27 und Kornmentar).
non eiectus ad alienos, sed invitatus ad tuos: Cicero unterstreicht erneut, dass er nicht etwa in Amtsanmaßung Catilina offiziell ins Exil verweist (vgl. In Cat. II 12-16), sondern dass er sich sicher ist, Catilina werde zu Manlius gehen.

24 **Quamquam quid ego te invitem**: Für Cicero besteht kein Zweifel, dass Catilina zu Manlius gehen wird, zumal er weiß, dass bereits sorgfältige Vorbereitungen getroffen sind. Cicero bringt drei Beispiele unwiderlegbarer Tatsachen, die Catilina erneut davon überzeugen sollen, dass Cicero restlos informiert ist.
Forum Aurelium: Kleiner Ort an der Via Aurelia, die von Rom aus nach Nordwesten an der Küste entlang durch Etrurien führte; etwa 90 km von Rom, heute Montalto (zwischen Civitavecchia und Orbetello).
aquilam illam argenteam: Es handelt sich um den silbernen Legionsadler aus dem Krieg des Marius gegen die Kimbern (vgl. Sallust, Cat. coni. 59,3).
sacrarium scelerum („Schandkapelle"): OXYMORON, um Catilinas paradoxes Verhalten sinnfällig zu machen; Richter-Eberhard tilgen *scelerum.*
constitutum fuit: Das Partizip Perfekt ist mit *fuit* verbunden (vgl. § 16), um etwas als abgeschlossen und vorbeigegangen zu kennzeichnen.
Tu ut illa carere ... possis, quam venerari ... solebas, a cuius altaribus ... dexteram ... transtulisti?: Zur Konstruktion: Die beiden Relativsätze stehen auf gleicher Stufe und schließen sich beide an *illa (aquila)* an, ohne selber untereinander verbunden zu sein (ASYNDETON).

25 **quo**: „dorthin, wohin“, nämlich zu Manlius.
cupiditas effrenata ac furiosa rapiebat: SYNONYMENHÄUFUNG und ALLITERATION (des Wortstamms) bei den Adjektiven zur Intensivierung der persönlichen Abwertung des Gegners. Die Verwendung des Indikativs ist Zeichen für die Gewissheit, mit der Cicero spricht.
natura peperit, voluntas exercuit, fortuna servavit: PARALLELISMUS im TRIKOLON: Alles tendiert bei Catilina zum Verbrechen.
fortuna servavit: Catilina war es - trotz mehrerer Prozesse - mit Glück bisher immer gelungen, einer Verurteilung zu entgehen.
Nactus es ... improborum manum: Zur Konstruktion: Kern des Satzes ist *nactus es ... manum. manum* hat zwei Attribute: 1. *improborum;* 2. *conflatam.* Das zu *conflatam* gehörige Adverbiale ist zweigeteilt: *ex perditis atque ... derelictis.* Auch das zu *derelictis* gehörige Adverbiale ist wieder zweigeteilt: *non modo fortuna - verum etiam spe.*

26 **qua laetitia perfruere ... bacchábere**: Ausruf mit TRIKOLON bei parallel gebauten Gliedern, deren Einleitungswörter ALLITERATION und POLYPTOTON zeigen. REDUNDANZ durch gleichen Inhalt der Glieder.
labores tui, iacere ... vigilare ...: Die Infinitive sind ebenfalls Subjekte des Satzes und erläutern inhaltlich das erste Subjekt *labores.* Also: *labores,* nämlich (1) *iacere* (a) *non solum ...,* (b) *verum etiam ...,* (2) *vigilare* (a) *non solum ...,* (b) *verum etiam... .* - Zum Inhalt vgl. Sallust, Cat. coni. 5,3.
praeclaram patientiam famis, frigoris: Doppelte ALLITERATION.

27 **exsul potius temptare quam consul vexare**: In der ANTITHESE zugleich Wortspiel *exsul - consul.* Mit *exsul temptare* (als Verbannter auf die Probe stellen) ist gemeint „von auswärts angreifen“. Als echter *exsul* könnte Catilina unter den gegebenen Umständen Rom gerade nicht angreifen. Insofern liegt hier in *exsul* auch eine gewisse IRONIE: Catilina spricht von *exsilium,* wird aber Rom vom Lager des Manlius aus angreifen.
latrocinium - bellum: Catilinas Vorgehen erscheint eher als ein wildes Raub- und Terrorunternehmen, das sich nicht an feste Regeln und Voraussetzungen hält, wie es ein *bellum* nach römischer Vorstellung tun muss (↗§ 23).
patres conscripti: Hier wechselt erneut die Anrede. Doch stützt dies kaum die gelegentlich vertretene Annahme, hier habe Catilina die Sitzung verlassen, und Cicero habe den Rest der Rede in Catilinas Abwesenheit den Senatoren vorgetragen (vgl. § 33, wo Catilina nochmals angesprochen wird).

detester ac deprecer: ALLITERATION; SYNONYMENHÄUFUNG und Gleichklang, wodurch die entschiedene Zurückweisung betont wird.
patriae querimoniam: Zum zweiten Mal lässt Cicero die personifizierte Patria auftreten. Sie äußert die Meinung, man müsse gegen Catilina schärfer vorgehen. Diese Meinung entspricht der der konservativen Senatoren, im Prinzip wohl auch der Ciceros (vgl. §§ 2-4). Da andere jedoch ein scharfes Vorgehen ablehnen, möchte Cicero mit scharfen Maßnahmen warten, bis die Fronten geklärt und handfeste Beweise gegeben sind (vgl. § 5).
si ... patria, ..., si cuncta Italia, si omnis res publica: TRIKOLON mit ANAPHER des *si* und KLIMAX vom Begrenzten zum Umfassenden.
M. Tulli, quid agis?: Die zweite Rede der Patria fordert Ciceros Rechtfertigung für sein zurückhaltendes Vorgehen gegen Catilina. Sie gibt damit Cicero Gelegenheit, seine Gründe gegenüber den Verfechtern eines harten Kurses jetzt genauer darzulegen, als dies in den §§ 5 und 12 möglich gewesen war.
Tune eum ... exire patiere ... ?: Die Argumente für einen harten Kurs werden in § 27-29a (Rede der Patria) zusammengefasst - Ciceros Gegenargumente zugunsten seines tatsächlichen Vorgehens schließen sich in den §§ 29b-32 an. - Der vorliegende Satz bietet ein Beispiel für eine sorgfältig ausgestaltete Periode mit folgender charakteristischer Bauform: 1. Hauptsatz, der zunächst unvollständig bleibt; 2. für das Verständnis notwendige Zwischenglieder (3 Relativsätze und 3 Appositionen mit jeweils längerem 3. Glied): 3. Weiterführung und Abschluss des Hauptsatzes. Der im Ganzen ausgewogene Bau dieser Periode wird bei kolonentsprechender Schreibung deutlich:

(1) *Tune eum,*
(2) a) *quem esse hostem comperisti,*
quem ducem belli futurum vides,
quem exspectari imperatorem in castris hostium sentis,
b) *auctorem sceleris (~scelesti belli),*
principem coniurationis,
evocatorem servorum et civium perditorum,
(3) *exire patiere,*
c) *ut abs te non emissus ex urbe,*
sed immissus in urbem esse videatur.

Nonne ... duci, non ... rapi, non ... mactari imperabis?: TRIKOLON mit PARALLELISMUS im Bau der Glieder und KLIMAX ähnlicher Aussagen (REDUNDANZ). In den anschließenden Fragesätzen abnehmende Glieder.
Quid tandem te impedit?: Diese Frage fasst die folgenden zusammen, die

sich nacheinander auf Vergangenheit *(mos maiorum)*, Gegenwart *(leges)* und Zukunft *(invidia)* beziehen.

28 **Mosne maiorum? At ...**: Die *patria* gibt auf ihre Fragen, in denen sie mögliche Gründe für Ciceros Vorgehen nennt, selber Antworten, die ein strenges Vorgehen nahe legen sollen. Die Antworten zusammen bieten eine Kurzfassung der Gründe, warum man gegen Catilina eigentlich strenger vorgehen sollte, wenn es die politischen Umstände zuließen: (1) Wenn schon viele Leute ohne Amtsauftrag (*privati* - vgl. § 3) gegen römische Bürger zur Erhaltung der *res publica* eingeschritten sind, um wie viel mehr müsste dies der Konsul tun.
An leges ... ?: (2) Staatsfeinde genießen keinen Schutz durch das Recht. Mit *leges* sind Provokationsgesetze gemeint: Sie gestatteten röm. Bürgern bei Strafen für Leib und Leben Berufung an die Volksversammlung. Das erste dieser Gesetze stammte nach Cicero (De re publica 2,53 f.) angeblich schon von P. Valerius Poplicola (509 v. Chr.). Angeblich forderte es: *ne quis magistratus civem Romanum adversus provocationem necaret.* Genauere Bestimmungen wurden später in anderen *leges Valeriae,* in *leges Porciae* und in einer *lex Sempronia* des C. Sempronius Gracchus hinzugefügt.
an invidiam ... times?: (3) Angst vor Kritik der Nachwelt wäre kein akzeptabler Grund für Nachlässigkeit gegenüber dem Wohl der Bürger.
Praeclaram vero ... gratiam ...: Wie der Zusammenhang zeigt, ist *praeclaram* nicht ernst gemeint (IRONIE).
hominem per te cognitum: Cicero spielt auf seine Rolle als *homo novus* an (vgl. Einleitung 1.3). Entsprechend auch *nulla commendatione maiorum,* da der römische Amtsadel *(nobiles)* aus den Familien ehemaliger Konsuln bestand.

29 **invidiae metus ... severitatis ac fortitudinis invidia ... inertiae ac nequitiae (invidia)**: Alle diese Genitive sind Genitive des Objekts.
An, cum bello vastabitur Italia.., te non existimas ... conflagraturum?: Dieses letzte *an* setzt nicht die Reihe der früheren *an* (§ 28, erster Teil) fort, sondern bringt eine weiterführende Frage im Sinn eines Bestätigung fordernden „oder etwa nicht...?“.
vastabitur ... vexabuntur ... ardebunt: TRIKOLON mit KLIMAX.
His ... vocibus ... respondebo: Einleitung zur Rechtfertigung Ciceros gegenüber der Patria für sein tatsächliches Vorgehen angesichts seiner Überzeugung, dass man eigentlich strenger vorgehen müsse.
hoc: Objekt, ebenso wie der erläuternde AcI *(Catilinam morte multari).*
optimum: Das Beste, Zweckmäßigste, nicht das Richtigste, Gerechteste.

gladiatori: Als Schimpfwort gebraucht: Die Gladiatoren waren von sozial niedrigem Status. Ihre Wildheit und ihr oft blutrünstiger Charakter machen sie für einen Vergleich mit Catilina geeignet.
Saturninus, Gracchi, Flaccus: Vgl. § 4 mit Kommentar.
certe verendum mihi non erat, ne quid ... invidiae mihi ... redundaret: Gibt Antwort auf die in § 28a gestellte Frage: *An invidiam posteritatis times?* Eine Begründung geht voraus. Es folgt eine Interpretation, wie nach Ciceros Meinung eine *invidia* aufgrund positiver Leistung zu beurteilen ist: eher als *gloria* denn als *invidia.* Damit ist die *invidia*-Erörterung abgeschlossen.

30 **Quamquam (~ *Sed*) nonnulli sunt..., qui aut ... non videant, aut... dissimulent**: Vgl. § 5 mit Kommentar.
Qui spem ... aluerunt coniurationemque ... conroboraverunt: Die einander inhaltlich entsprechenden Satzglieder sind auch formal parallel angeordnet (PARALLELISMUS - ähnlich wie im Satz zuvor).
improbus: Ähnlich wie *bonus* in positivem (vgl. § 1), wird *improbus* in negativem Sinn als politisches Schlagwort verwendet: als abwertende Bezeichnung für die Gegner im Sinn von „die zersetzenden Elemente" o. Ä.
quorum auctoritate multi ..., si in hunc animadvertissem, crudeliter ... factum esse dicerent: *si in hunc animadvertissem* ist nicht von dem abhängig, was vorausgeht, sondern von *crudeliter et regie factum esse,* was seinerseits von *dicerent* abhängt. Zu *crudeliter* vgl. § 5.
rei publicae pestem ... reprimi, non ... comprimi posse ...: ANTITHESE zwischen *re-primi* und *com-primi*, außerdem zahlreiche ALLITERATIONEN.
naufragos: sc. *patrimonii* (vgl. pro Sulla 41) bzw. *rei familiaris.*

31 **iam diu:** Seit drei Jahren, vgl. Murena 81 (Plan, den Senat zu töten).
maturitas: Das Bild der Reife hängt zusammen mit dem zuvor gebrauchten von *stirps ac semen malorum* (§ 30): Die Entwicklung des Verbrechens wird mit dem Wachstum einer Pflanze verglichen.
in venis atque in visceribus rei publicae: ALLITERATION innerhalb einer METAPHER:
Der Staat wird gesehen als organischer von einer Krankheit befallener Körper. Diese Vorstellung setzt sich in dem anschließenden Vergleich (*ut ... sic ...*) fort und zwar in drei Punkten:
1. *homines aegri morbo gravi - morbus, qui est in re publica:* Krankheit;
2. *primo relevari (aqua) - relevatus (poena)*: anfängliche Linderung;

3. *deinde ... vehementius adflictantur - vehementius ... ingravescet:* Verschlechterung.

Zur Konstruktion: *Ut saepe homines aegri morbo gravi,*
cum aestu febrique iactantur,
si aquam gelidam biberunt,
primo relevari videntur,
deinde multo gravius vehementiusque adflictantur,
sic hic morbus,
qui est in re publica,
relevatus istius (~ Catilinae) poena
vehementius / reliquis vivis (abl. abs.) / *ingravescet.*

32 **secedant improbi, secernant se a bonis**: Appell, endlich eine klare Trennung herbeizuführen, formal unterstützt durch ähnliche Wortanfänge und HOMOIOTELEUTON. Durch die Wortwahl versucht Cicero, in klarem Schwarz-Weiß-Gegensatz zu zeichnen. Ähnlich im Folgenden bei *congregentur - secernantur.* Die Verbrecher sollen sich untereinander sammeln, sich aber zugleich von den anständigen Menschen trennen.
Desinant insidiari ..., circumstare ..., obsidere ..., ... comparare: Aufzählung von vier Formen der Bedrohung zunächst Einzelner *(consul, praetor),* dann des größeren Ganzen *(curia, urbs).*
tribunal praetoris urbani: Der Sitz des Stadtprätors (d. h. des Gerichtsvorsitzenden) stand auf dem Forum, d.h. eine hölzerne, halbkreisförmige Bühne, auf der die *sella curulis* (Amtssessel) stand. Der Stadtprätor war für die Zivilgerichtsbarkeit zuständig. Damals hatte das Amt L. Valerius Flaccus inne, der wegen seiner strengen Amtsführung geachtet und gefürchtet war und Cicero unterstützte. Die Verschworenen bedrängten ihn wohl, um ihn einzuschüchtern, damit er die Schuldgesetze nicht allzu streng handhabe.
Sit denique inscriptum in fronte ...: Der utopische Wunsch, Böse und Gute schon äußerlich unterscheiden zu können, hat eine lange Tradition, z. B. wünscht sich das Theseus im Konflikt mit seinem Sohn Hippólytos in der Tragödie „Hippolytos" des Euripides (V. 925-930).
Polliceor hoc vobis: Cicero verspricht, dass sich durch den Weggang Catilinas alle Probleme lösen lassen werden. Für diese Überzeugung ließen sich tatsächlich Gründe anführen: 1. Die Fronten wären dann klar und man könnte Catilina ein offizielles Heer gegenüberstellen - wie es ja dann geschah. 2. Die Stadt wäre zunächst von der gefährlichsten Bedrohung befreit.

tantam ... tantam: Viermal ist das Attribut *tantam* von seinem jeweils zugehörigen Substantiv getrennt (HYPERBATON).
in consulibus ..., in vobis ..., in equitibus ..., in omnibus bonis ...: Mit dieser Formulierung beschwört Cicero eine umfassende Einheit aller wichtigen Gruppen von Gegnern Catilinas.
in omnibus bonis consensionem: Diese Formulierung enthält Ciceros politisches Programm (vgl. § 1 mit Kommentar zu *boni* und IV 14-19).

33 **Hisce ominibus**: Mit *hisce* verwendet Cicero eine damals nicht mehr übliche Form, um seiner Rede eine besondere, beschwörende Form zu geben.
Catilina: Nochmalige, letzte Anrede an Catilina, verbunden mit der noch einmal wiederholten Aufforderung, Rom zu verlassen. Es ist unwahrscheinlich, dass Catilina den Raum bereits verlassen hatte.
cum summa rei publicae salute, cum tua peste ...: Die Aufforderung an Catilina verbindet sich mit einem Segenswunsch für den Staat, und einem Fluch für Catilina. ALLITERATION und SYNONYMEN-HÄUFUNG bewirken eine starke Stilisierung.
ad impium bellum ac nefarium: Vgl. § 23 zu *impium.* Ein scheinbares Paradox, nimmt man die Aussage isoliert: Cicero kann sich nicht Krieg wünschen. Doch wird aus dem Kontext der Rede der Sinn klar: Cicero wünscht eine Klärung der Fronten durch den Nachweis, dass Catilina *hostis* ist. Dass dann geeignete Abwehrmaßnahmen Erfolg haben, daran zweifelt er nicht.
Tu, Iuppiter: Letztmaliger Wechsel der Anrede; hier wird jemand angeredet, der nicht unmittelbar anwesend ist. Der Schluss der Rede ist in Gebetsform gehalten, deren Elemente deutlich hervortreten: 1. Anrede an den Gott; 2. Nennung von Attributen des Gottes: *qui ... quem ...* ; 3. Bitte an den Gott (im Indikativ Futur, das die Gewissheit der Erfüllung ausdrückt); 4. zweigliedrige und dreigliedrige Ausdrücke; 5. religiöses Wortfeld *(auspicia, impius, nefarius, templum, aeternus* u. a.).
Stator: Vgl. § 11 mit Kommentar; hier: Schirmherr, Beschützer. Das religiöse Element in einer Rede hervorzuheben, in der es um die Erhaltung der *res publica* geht, entspricht durchaus römischer Denkweise, nach der sich Staat und Religion innig durchdringen. Nach Ciceros Auffassung steht Jupiter auf der guten, d. h. der eigenen Seite: Er wird *urbs* und *imperium, moenia, cives* und *patria* schützen gegen *inimici, hostes patriae* und *latrones Italiae.*
aeternis suppliciis vivos mortuosque mactabis: Vergil lässt Catilina im Tartarus büßen (Äneis VIII 668) und stellt damit Ciceros Bitte als erfüllt dar.

3. LITERATURHINWEISE

3.1 Die politischen und sozialen Voraussetzungen

Bleicken, J.: Die Verfassung der römischen Republik. Paderborn [5]1989 (UTB 460).
Meyer, E.: Einführung in die antike Staatskunde. Darmstadt [5]1990, bes. S. 151-223.

3.2 Catilina und die Catilinarische Verschwörung

Christ, K.: Krise und Untergang der römischen Republik. Darmstadt [2]1984.
Drexler, H.: Die Catilinarische Verschwörunge. Ein Quellenheft. Darmstadt [2]1989.
Hoffmann, W.: Catilina und die römische Revolution. - In: Gym. 66 (1959) 459-477.
Kaplan, A.: Catiline. The man and his role in the Roman Revolution. 1968.
Stöver, H. D.: Macht und Geld im alten Rom. - Zürich/München 1989.

3.3 Cicero als Redner und Politiker

von Albrecht, M.: Cicero (Stil). - In: RE Suppl. XIII, 1973, Sp. 1237-1347.
Classen, C. J.: Recht, Rhetorik, Politik. Darmstadt 1985.
Fuhrmann, M.: Cicero und die römische Republik München [2]1990.
Fuhrmann, M. (Hrsg.): Rhetorik am Beispiel Ciceros (= AU 29,2 [1986]).
Gelzer, M.: Cicero. Ein biographischer Versuch. Wiesbaden 1969.
Habicht, Ch.: Cicero der Politiker. München 1990.
Neumeister, Ch.: Grundsätze der forensischen Rhetorik, gezeigt an Gerichtsreden Ciceros. München 1964.
Stroh, W.: Taxis und Taktik. Die advokatische Dispositionskunst in Ciceros Gerichtsreden Stuttgart 1975.
Stroh, W.: Worauf beruht die Wirkung ciceronischer Reden? In: Jäger, G. u.a.: Rede und Rhetorik im Lateinunterricht. Bamberg 1992 (AUXILIA 26) 5 - 37 (mit weiterer Literatur).

3.4 Ciceros Catilinarische Reden (bes. die erste Rede gegen Catilina)

Wissenschaftliche Kommentare bzw. kommentierte Ausgaben:

K. Halm - G. Laubmann - E. Sternkopf: Leipzig [15]1916.
F. Richter - A. Eberhard - H. Nohl: Leipzig [7]1902.
A. Haury: Paris 1969.
N. Criniti: Padua 1969.

Deutsche Übersetzungen und zweisprachige Ausgaben:

M. Tullius Cicero: Sämtliche Reden. Eingeleitet, übersetzt und erläutert von M. Fuhrmann. Zürich/Stuttgart II [2]1985, 221 ff. (mit wichtiger Einleitung).
M. Tullius Cicero, Reden gegen Catilina. Dt. E. Schröfel und M. Giebel, München [5]1979.
Cicero, Staatsreden. 1. Teil, Lat. und deutsch von H. Kasten. Darmstadt [4]1977 (mit Einf.)
M. Tullius Cicero: Vier Reden gegen Catilina, Lateinisch-deutsch. Übersetzt und herausg. von D. Klose. Nachwort von K. Büchner, Stuttgart [2]1976.

Wissenschaftliche Literatur:
Bornecque, E.: Les Catilinaires de Ciceron. Etude et analyse. Paris 1936.
Gelzer, M.: Einleitung zu: Cicero, In Catilinam, ed. Preisendanz, Heidelberg ^{4}1967, 5-31.
Primmer, A.: Historisches und Oratorisches zur ersten Catilinaria. - In: Gym. 84 (1977) 18-38.
Seel, 0.: Cicero, Wort - Staat - Welt. Stuttgart ^{3}1967, 65-107.
Stroh, W.: Über Absicht und Ablauf von Ciceros erster Catilinarie.
In: DASIU 29,1 (1982) 7-15; erweitert in: MDAV, LV Niedersachsen 36,1, Juni 1986, 2-15.
von Ungern-Sternberg, J.: Ciceros erste Catilinarische Rede und Diodor XL 5a.
In: Gym. 78 (1971) 47 ff.

Didaktische und methodische Literatur:
Arth, M.: Bemerkungen zu Cicero, In Cat. 1,18. - In: IAU 4 (1980) 1-12.
Bauer, A.: Sermo Latinus. M. Tulli Ciceronis in L. Catilinam oratio 1. Frankfurt 1977.
Cicero, M. T.: Reden gegen Catilina. Text, Komm. u. Lehrerheft von M. Firnkes, Bamberg 1985/86.
Dalfen, J.: Zur Interpretation von Ciceros erster Rede gegen Catilina.-
In: IANUS 11 (1990) 23-31.
Heupel, C.: Das Wort als Waffe, Die politische Rede bei den Römern. -
In: AU 18,4, (1975) 29 ff. (Lernzielkatalog).
Römisch, E.: Cicero. - In: H. Krefeld (Hrsg.): Interpretationen lateinischer Schulautoren.
Frankfurt ^{2}1970, 58-60 (zu Cat. 1,13-19).
Vester, H.: Eine oft gelesene, aber auch manchmal mißverstandene Cicerostelle.-
In: Gym. 95 (1988) 17-20 (zu In Cat. 1,5).
Vretska, H.: Rhetorische Vernichtung des Gegners. Cicero, In Catilinam 1,1.
In: Anregung 37 (1991) 243-248.
Wilsing, N.: Die Praxis des Lateinunterrichts. Teil II: Probleme der Lektüre, Stuttgart ^{2}1964, (Nachdruck 1972) 6,22 f. und 79-81 (zu In Cat. 1,1).

3.5 Cicero und die antike Rhetorik

Clarke, M. L.: Die Rhetorik bei den Römern. Göttingen 1968 (zuerst engl. 1963).
Fuhrmann, M.: Die antike Rhetorik. Eine Einführung. München ^{3}1992.
Hommel, H.: Rhetorik. - In: Lexikon der Alten Welt. Zürich 1965, Sp. 2611 ff.;
Auszug auch in: Der Kleine Pauly. Bd. IV. München 1972, Sp. 1396 ff.
Kennedy, G.: The art of rhetoric in the Roman world. Princeton NY 1972.
Kroll, W.: Rhetorik. - In: RE Suppl. VII, 1940, Sp. 1039-1138.
Martin, V.: Antike Rhetorik. Technik und Methode. München 1974 (HdA).
Volkmann, R.: Die Rhetorik der Griechen und Römer in systematischer Darstellung.
Leipzig ^{2}1885. 3. Aufl. von Volkmann-Hammer, München 1901 (ND. Stuttgart 1963).

3.6 Allgemeines zur Rhetorik

Jens, W.: Rhetorik - In: Reallexikon der deutschen Literaturgeschichte, Band III, Berlin ^{2}1971, 432-456.
Lausberg, H.: Handbuch der literarischen Rhetorik. 2 Bände. Stuttgart ^{3}1990.
Schwengler, G.: Öffentliches Sprechen (Rhetorik). In: Stadler, H. (Hrsg.): Deutsch.
Verstehen, Sprechen, Schreiben (Fischer-Kolleg 6). Frankfurt ^{3}1983.
Ueding, G.: Einführung in die Rhetorik. Stuttgart 1976.
Ueding, G.: Klassische Rhetorik. München (Beck, Reihe 2000) 1995.